U0923617

是馅饼还是陷阱

让你过得轻松的避坑手册

陈为正◎著

浙江工商大學出版社
ZHEJIANG GONGSHANG UNIVERSITY PRESS
·杭州·

图书在版编目（CIP）数据

是馅饼还是陷阱：让你过得轻松的避坑手册 / 陈为正著 .
—杭州 : 浙江工商大学出版社 , 2020.1
ISBN 978-7-5178-3478-6

Ⅰ . ①是… Ⅱ . ①陈… Ⅲ . ①诈骗—鉴别—中国
Ⅳ . ① D669.8

中国版本图书馆 CIP 数据核字（2019）第 215618 号

是馅饼还是陷阱：让你过得轻松的避坑手册
SHI XIANBING HAISHI XIANJING：RANGNI GUODE QINGSONG DE BIKENGSHOUCE
陈为正 著

责任编辑 范玉芳 谭娟娟
封面设计 零创意文化
责任印制 包建辉
出版发行 浙江工商大学出版社
（杭州市教工路 198 号 邮政编码 310012）
（E-mail:zjgsupress@163.com）
（网址 :http://www.zjgsupress.com）
电话：0571-88904980，88831806（传真）
排 版 新艺书文化
印 刷 北京军迪印刷有限责任公司
开 本 787mm×1092mm 1/16
印 张 13.5
字 数 166 千
版 印 次 2020 年 1 月第 1 版 2020 年 1 月第 1 次印刷
书 号 ISBN 978-7-5178-3478-6
定 价 59.80 元

版权所有 翻印必究 印装差错 负责调换
浙江工商大学出版社营销部邮购电话 0571-88904970

2018年年初的一天，我突然接到了认识很多年的外地好朋友宋某打来的电话，他很慌忙地说：“我这边突然出了点状况，能不能借我2万块钱……”因为是很熟悉的朋友，不必多想，他肯定是遇到了什么麻烦事。于是，我立即给他打了钱。过了两天，宋某又打来电话：“能不能再多借我2万块……”借钱的理由跟前两天不一样，这一回，我拒绝了。

他肯定遇到了超出我意料的事情。因为没有再借钱给他，我也不好多问。大约一个月后，他主动说：“之前借钱是因为被骗了。”

原来在2018年春节前，宋某经常看到他的一个前同事在朋友圈里发布无须抵押快速借款的信息，基于对前同事的信任，宋某找对方签了借款2万元的合同，借款期限为30天，到期还款2.5万元，双方签字画押，同时宋某向对方提供了5个家人朋友的联系方式。宋某自己也有些存款，他于春节期间回江西老家，拿出几万元来孝敬父母，并在春节期间又为家里添置了电视机、空调等家电和生活用品，改善了父母的生活，亲戚邻里对其大加赞赏。用自己的行动回馈双亲，宋某觉得非常值得。

宋某在上海的月工资税后有1.5万元左右，春节后不久回到单位就可以拿到上个月的工资，照理说偿还借款不是难事。可是刚过完年，开支很大，宋某还要准备下一季度的房租。他要用工资一次性还完借贷挺有压力，于是主动跟对方说，能不能宽限一点，分3期还完。对方很爽快地说，他可以给宋某介绍一个贷款公司（事后发现就是这个前同事现在的工作单位，前同事在用这种方式“拉业务”）。宋某按照对方的建议，向贷款公司借款3万元，但同时签下了5万元的虚高借款欠条。借条约定，宋某如果不能准时按3期、每期1.2万元还款，则要承担违约责任，即按5万元惩罚性借款额度，在规定期限内还款。放款当天，前同事就把他第一次借的2.5万元索回。

宋某觉得自己可以按时履行还款责任。

可是，在约定的第一次还款日期当天，宋某才发现合同上并没有注明贷款公司的银行账户，只提示必须给户名为“某某投资咨询公司”的公司账户转账。于是宋某在上班时赶紧发微信给当时办理贷款的业务员，但一直到下班对方也没有回复。傍晚，宋某打电话给其业务员，结果对方没有接听，他转而拨打前同事的电话，前同事说自己不清楚公司收款账户，或者第二天帮他问，或者他自己联系公司的业务对接负责人。宋某当时还觉得，只要在当天晚上零点前给对方银行转账即可，结果晚上无论如何拨打对方电话都无法接通，微信留言与语音信息均没有任何回应。因为已经是非工作时间，公司电话也无人接听。

第二天早上9点零几分，宋某再次拨打业务员的电话，对方立即接听了。可是接听后业务员的第一句话是：“你好，宋某，我正要找你，好像你有一笔借款，昨天应该是还第一笔款的最后日期，但是公司方面没有收到你的转账……”“你已经违约了，按照咱们的合同约定，你必须在3个月内按违约费用给我们公司打款，否则不仅个人征信会产生污点记录，并且可能会收到公司方面的起诉……”“请你再去仔细看看你跟我们公司签的借款协议。”

宋某瞬间蒙了，这简直就是飞来横祸，他欲哭无泪。他明明没有任何想推迟还款的想法，结果怎么会变成他主动违约了呢？

从来没闹过什么借款纠纷的宋某没敢多想，立即开启了新的借钱模式。这次他不敢再跟任何贷款公司借款，转而向身边的朋友借（还把给家里老人的部分孝心款又借回来了），用以填掉这个天降大坑，并终于在几天内凑齐了 5 万多元，然后亲自跑到这个公司把钱还清了。

2019 年 3 月 15 日中央电视台的“3•15 晚会”，揭露了大量小贷公司层出不穷的“裸贷、套路贷、现金贷”等贷款行为，更有“714 高炮”（指那些期限为 7 天或 14 天的高利息网络贷款，其包含高额的“砍头息”及“逾期费用”等，利息方面的年化利率基本都超过了 1500%）。当天晚会上提到的董女士当初只是贷款 7000 元，但在 3 个月时间内由于“砍头息”“逾期费用”等，最后还款金额滚到 50 万元。

套路贷是以借款为名，行非法侵占被害人财物之实。即假借民间借贷之名，通过“虚增债务”“制造资金走账流水”“肆意认定违约”“转单平账”“虚假诉讼”等手段，达到非法占有他人财产的目的。其性质恶劣程度远超民间“高利贷”。违法分子一开始就处心积虑地以非法占有借贷人的财产为目的，利用借贷人经验不足，通过“双倍借条”、高额罚息、利滚利，并且可能在还款时故意玩失踪，强逼借贷人违约等手段，使得原本很少的借款金额迅速飙升，直至榨干借贷人的所有财产甚至让他们额外背负高额贷款。

一旦借贷人落入其圈套产生违约，借贷人及相关亲属就会屡屡收到催债公司工作人员的死亡威胁和其他方式的恐吓。

套路贷的套路特征主要表现为：

（1）以“小额贷款”的名义，用“低利息、无抵押、不论资质、快速放贷”等宣传口号制造民间借贷假象，向借贷人签署“违约金”“保证金”等各种名目的虚高借款合同、阴阳合同及房产抵押合同等明显不利于借贷人的合同。

（2）刻意制造银行流水痕迹，营造法律上认可的借款人已取得合同所借全部款项的假象，以便在后续向借贷人追债时出具具有法律效力的凭证。

（3）故意制造借贷人违约的“事故”，并单方面认定借贷人违约，然后要求借贷人按虚高借款合同所要求的额度还款。

（4）在借贷人无力支付的情况下，继续介绍借贷人通过与其他假冒的小额贷款公司或个人签订新的借款合同来“平账”，从而进一步垒高借贷人的借款金额。

（5）利用手上所有具有法律效力的凭证软硬兼施向受害人索债，或提起虚假诉讼，通过胜诉判决实现侵占借贷人财产的目的。

不仅借钱的套路贷层出不穷，P2P（Peer to Peer，点对点）理财的套路也让很多人血本无归。在社交平台被广泛转发的“你要他的高利息，他却只惦记着你的本金”这样的情况被国内一些网络 P2P 理财机构演绎得炉火纯青。

2014 年年初国内 P2P 平台的数量为 657 家，贷款余额不到 309 亿元；到了 2018 年 6 月底，全国 P2P 运营平台的数量达到 1836 家，贷款余额接近 1.32 万亿元的规模。

一边是 P2P 平台迅猛增多变大，一边却是 P2P 平台惊雷滚滚：仅在 2018 年 6 月，停业及出现问题的 P2P 平台的数量增加到 80 家，其中问题平台63家；截至7月22日，又出现了超过99家问题平台。

许诺高收益是这些网贷平台吸引大量投资者最直接、最粗暴的套路之一，绝大多数投资者都是冲着高收益而去的，而这些平台往往也是最容易"爆雷"的平台。

曾有业内专家反复提示P2P网贷行业的投资风险，目前银行的理财年化收益率最高为5%左右，而一些网贷平台的年化收益率高达百分之几十。一些投资人对此类高收益产品不可持续的情况心知肚明，但受利益驱使，存有侥幸心理是另一个重要原因，最终高利息没拿到手，本金还搭了进去，血本无归。与此同时，由于大量的P2P平台出现各种状况，真正优秀的P2P平台可能面临被挤兑的情况，劣币驱逐良币势头凶猛，行业风险迅速增大。原来正常经营的P2P平台被逼得无米下炊，因为那些正常经营的P2P平台基本都给不到那些P2P网贷平台的所谓高息回报。

国内的一些有问题的P2P网贷平台一般是如何利用政策漏洞开展"庞氏骗局"的呢？

首先，P2P本质是通过互联网平台办理的借贷业务。一些金融服务公司牵线搭建平台，帮助那些向银行借不到钱的企业直接向社会公众借钱。相对于能从银行借到钱的企业，只能通过网贷公司借钱的企业的信用等级本身就是存疑的，而P2P网贷平台普遍对这些企业的信用问题弱化处理甚至不提及、不告知。

其次，原本是企业与社会公众对接的事情，中介服务平台插进来提供服务赚取服务费用（企业借款与用户投资的利息差）本是好事，但这些问题P2P网贷平台一边擅自违规构建资金池吸收公众投资本金，一边到处自行注册空壳公司巧立名目，通过自己的平台来"借款"给自己。投资者基本上只能看到高度吹嘘、夸张的高收益广告，自己的钱真正被借到哪个企业的哪个项目上，大多数情况下完全不知情。

一旦企业借贷到期还不上款，或者根本就不想还，P2P 网贷平台就必须先用新进入投资归还先前用户的本金与利息。于是，一些问题 P2P 网贷平台就开始了用新投资人的钱来返还早期投资人收益的“庞氏骗局”。随着投资者人数越来越多，平台自身的违规问题也越积越多（平台尝到资本的甜头后，会不断激活放大贪婪的欲望），返还投资人本金与高利息的窟窿越来越大，一旦某个时间段出现投资人比较集中的挤兑，新的投资进入不足，资金链便会迅速断裂，就会出现“爆雷”。

更为离谱的是，个别违规 P2P 网贷平台从来就没想过返还投资人的本金，而是在吸收到高额的存款后选择跑路，带来了十分恶劣的社会影响，危害到整个行业的发展。

投资理财是一部分人的需求，而更多的人在健康、教育、社交、创业等方面有着长期的需求，他们是不是也可能一样会遭遇问题 P2P 理财的套路呢?

国内的一些出行 APP 上，大量默认捆绑的额外消费惹起众怒。另外一些人，正在千方百计地寻找套路骗保（例如骗医保、故意伤人骗商业意外保险），也是不可理喻。

2018 年 11 月，知名节目主持人沈梦辰通过微博吐槽“闲鱼”平台上有人冒充买家说付款不成功，引导她开通所谓的二手交易并要求扫码交定金 3000 元开通相应功能，并说开通后会退还其 3000 元，结果她按提示扫码支付立即被骗 3000 元。骗子得逞后，进一步借口说 ID 账号没有更新，需要更新并再次准备行骗 6000 元，当事人沈梦辰这才发现不妙，猛然醒悟是被骗了，并发微博提醒大家不要上当。

相信这个冒充买家又冒充客服的骗子已经是个惯犯，在这些平台上盯梢并试探各种行骗的方法，对于那些对该交易平台并不熟悉及本身就对各种网络平台不熟悉的人来说，这无疑是一个十分可怕的地雷，骗子的套路不断得逞。绝大多数人在一个新平台的注册过程中几乎从来不去完整查看所谓的注册声明事项，平台方为了规避自己的责任也往往列出相当多的免责条款。

一朝被蛇咬，十年怕井绳。

生活中的这些套路，成为很多人避之不及的陷阱代名词，深深地伤害了善良的人们，让他们对这个世界越来越不信任。

但是，这些人究竟是掉进了套路的陷阱还是掉进了自己的欲望陷阱？或是因为自己懒于思考求证，就轻易地将自己的选择权交给了他人，从而不断掉入一套又一套的所谓陷阱中？

这，是我们每个人都需要思考的。

套路无处不在，任何人在每一段历程中都可能会经历无数的套路，也或者为了达到某个目标而施展大量的套路。

防不胜防的套路，让我们常常慨叹“生活欺骗了自己”。

既然无法拒绝，那为什么不坦然面对？

认清生活的本来面目，就是为了更好地生活。

认清生活中的套路，也会帮助我们在生活工作中收获更多的善良与真诚。

当我们换位思考去理解他人，带上自我思考去面对所有重要处境，敞开胸怀去拥抱世界，我们一定会发现，套路背后，还有更多美好正在等待我们去发现。

目录

第三章

从社交中的套路说起 / 043

第四章
职业生涯中的别来无恙 / 077

第五章

买点好东西怎么那么难 / 103

第六章

健康长寿的“代价” / 133

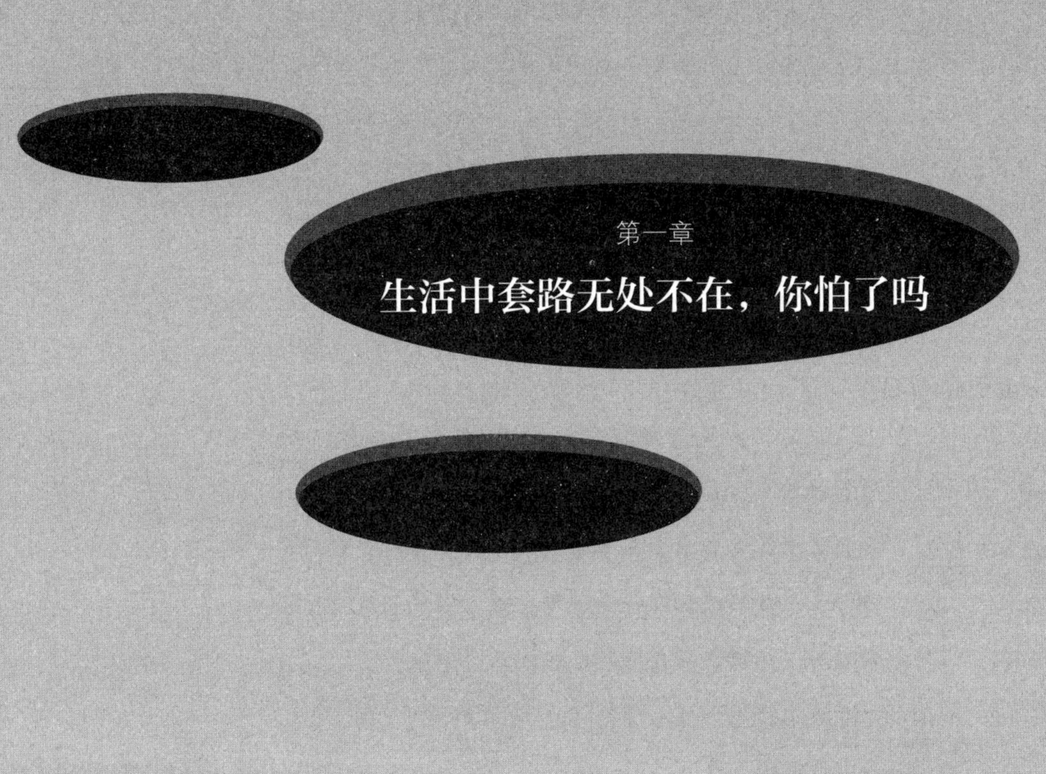

第一章 生活中套路无处不在，你怕了吗

在日常的生活中，或多或少都存在套路的影子，可以说套路无处不在。本章从我们身边的套路说起，探讨什么是套路、实施套路的人有哪些特征、如何在套路与反套路之中博弈等问题，让大家能够更好地识别套路，认清实施套路之人和避免被套路。

身边的套路

1. 爱看戏剧演出的小姑娘

“哎呀，陈老师，昨天看到《广陵散》还有 180 元的座位票，今天看 280 元的都已经没有了，只有 380 元及更高价的票了。”毕业来北京领到工作的第一份薪水的小敏想去国家大剧院看演出，去某个网络售票平台买票的她，本来一脸兴奋，转而有些失落。

“呵呵，这是一些售票平台的套路，最便宜的票只是偶尔才会出现。当然，你要去的地方是国家大剧院，就凭这场地，演出的节目必然会受欢迎啊，所以如果真的想去看，就赶紧买票吧，多感受艺术的美，把票价‘值’回来。”我对她说。

“是不是这场演出特别受欢迎，低价票真的全都那么快就卖完了啊？”小敏继续追问。

“你这样想就对了，热门演出肯定有这个可能，例如一些知名演出节目、大牌明星演唱会的门票真的要靠抢，并且售票平台可能只放出一部分票，还有一部分是赠票或团体票，剩下的一部分票会通过‘黄牛’等手段在其他交易平台加价出售。但对于那些不是特别热门的话剧、戏剧、歌剧等演出节目，要是大家全都去买低价票，那七八百元甚至上千元的票卖给谁呀？还有，如果什么价位的票都一直有，买票的人会不会觉得这场演出不太受欢迎呢？如果低价票、次低价票全都卖光了，你就会觉得这场演出更加不容错过啦！”我开玩笑般地回复她。

“好像有点道理，但是我还是决定去看。”说完小敏就下单买了票。

一周后，观看演出的时间到了，小敏到现场后，在演出正式开始的时候给我发来几张唯美的舞台照和剧照，同时也发来一张现场观众照片，上座率七八成的样子，前面很少有空位，靠后离舞台最远的位置空位还有不少。

演出结束后，小敏说：“其实我觉得花几百块去看这样高水准的演出挺值的，但是对我这种刚出来工作的人来说压力还是有点大啊！卖票平台的售票套路太深了，低价票的位置还有很多座位呢。我还想去看另一场舞台剧，争取提前抢到优惠门票。”

380元是180元的两倍多，580元不到380元的两倍，最高的1680元是一个非常吉利的数字，是大多数演出的最高定价，买该票的人可以获得最好的观看位置，这是一些商业演出的定价策略，无可厚非。为了达到更好的高价票销售效果，有些机构在制定销售策略时通常会设计停售机制，即当卖出一定数量的低价票时，立即停止最低价票的销售（显示售罄状态），引导用户购买次低价票与高价票，并依次往上推进。而在中高价票销售出一定的数量时，又可能会释放出一定数量的低价票进行销售。可以理解这是主办方在进行“饥饿营销”，或者在对演出市场进行投石问路。这些都是演出票务销售的套路，这样的销售套路，往往能够获得较好的市场反馈与销售收益。

如果你是票务方，难道不想用类似的方式获得更好的市场回报吗？

2. 我的超长里程火车票

2017 年，我在广州待了半年多时间，其间基本上每个月我都会利用一个周末回一趟北京看望朋友或处理一些事务。

一般情况下，我会选择坐周五晚上的动卧，这样睡一觉就能到北京，然后周日傍晚再坐飞机回广州。虽然每隔几天就有连续 6 趟动车从深圳发车经广州前往北京，但从广州到北京的动车票还真是不好买，是没票吗？如果你登录 12306 网站或者手机 APP，搜索广州到北京，你会发现那几趟过路车真的经常显示没票。难道就只能改坐飞机了？我不信邪，换一个地点搜索，从起点站深圳到北京呢？一搜，结果显示有票！每趟车不都要经停广州南站吗？我买从深圳至北京的动车票，然后从广州上车不就可以了吗？

当然可以，似乎也只能这样。据说铁路售票系统会给每趟车次沿途所经过的城市站点分配一定数量的票，如果这个数量的票被购买完了，就会显示无票，哪怕前一站还有 N 多的票也不会再分配票给当前售完分配票的这个站点。所以，几乎每次我都只能选择购买从起点站深圳到北京的动车票，然后从广州上车。而购买深圳到北京的动车卧铺从广州上车相当于要多花 150 元左右，二等座则要多花 47 元，即深圳到广州区间的车费。

知道了这个情况之后，在春节期间购买火车票时，我在中途站点没有车票的情况下，就会立即改搜火车线路起点站到终点站的票，如果有就毫不犹豫地下单。例如，从北京至岳阳的火车票紧张时，就搜索北京（经过岳阳）至长沙或湖南省内其他终点城市的火车票，或者到沈阳、包头等城市经北京或天津往湖南方向的火车，买到终点站长沙或其他城市，但在岳阳下车。返回北京时又可以购买以长沙或其他城市为起点站发往北京的火车，然后在岳阳站上车。

我大哥的儿子在新疆石河子大学上学，每年春节后购买从岳阳到乌鲁木齐的火车票返校都极为困难，但是改换起点站为深圳或广州，终到乌鲁木齐的火车票则轻松得多，然后从岳阳站上车。虽然多花不少钱，但这也是没办法的办法。铁路售票系统的规则暂时就是这样的，它肯定有其科学性的一面，能照顾到大多数人的需求，我们无法为了个人的情况要求铁路系统为此更改规则，所以只能顺应规则而行，否则，就只能换其他交通工具了。

有时候想想也挺无奈的，这样买火车票真的好吗？还有没有更智能更科学的大数据来完善这些看上去不是太完美的售票规则呢？对于不熟悉这些套路又想省点路费钱的人，有时候坐个火车还真是蛮辛苦的。

3. 何必穿越到古代去相亲

古时候，男子上门提亲，有些姑娘会在大厅帘子后面偷望。若是男子长相俊俏、相貌堂堂，姑娘满意，过后就会一脸娇羞地对父母说："终身大事全凭父母做主。"做什么主啊？当然就是同意了。

但是，如果提亲的男子相貌"不入法眼"，品位低下，姑娘就会说：

“女儿还想孝敬父母两年。”人家登门来跟你谈提亲的事，怎么成了要孝敬父母呢？潜台词自然就是“跟你说声抱歉，对不起，没戏”。

这其实都是家长教给女子答应或谢绝来提亲者的套路。

正如我们在各种影视剧中很熟悉的套路：如果遇上了英雄救美，若是英雄长得帅，女子就会一脸娇羞地说：“英雄救命之恩，小女子无以为报，唯有以身相许。”反之，如果英雄长得不帅，女子看不上时，女子就会说：“英雄救命之恩，小女子无以为报，唯有来世做牛做马，报此大恩。”

相反，英雄也会对姑娘选择一番。如果姑娘长得好看，英雄常会“姑娘此话当真？”来喜迎姑娘以身相许；如果姑娘长得不好看，英雄只能以“姑娘万万不可”来搪塞。

古代如此，当今社会还不是一样？只不过当今社会自由恋爱，男女之间不再是授受不亲，而是可以通过非常丰富的社交活动让彼此增进沟通，而在这些社交活动中，彼此展现出来的“套路”则更加丰富。

现代社会中的年轻人都在各自的社交氛围下自由恋爱。读初中、高中的时候普遍因为学业紧张而被家里与学校要求不得谈恋爱影响学习，等到进入大学，很多人想去尝试恋爱却难觅心仪的对象，再往后毕业进入社会后因工作又开始忙碌起来，社会交际多起来了，可是很多人可谈的恋爱对象却变得愈发少了。

是社会太残酷还是太现实？每个人都有自己的理解方式。但对于相亲这种终身大事，如果你明白它迟早要摆上台面，最好能够用积极主动的心态去面对，并早一点摆上台面。

相对于那些在学校时期就建立恋爱关系的“前浪”来说，进入社会后要加入相亲队伍才能寻找到恋爱对象的年轻人怎么说也是长江“后浪”。“前浪”更多的是浪漫主义者，“我喜欢”成为双方的默契点；“后浪”则更多地成为现实主义者，工作、房、车等各种次生需求成为重要衡量标准。

徐铮主演的电影《搞定岳父大人》里，那个未来女婿，一个上海无房无车开个小诊所的心理医生范坚强的一句自我介绍，“我是做咨询行业的，是公司董事长兼CEO，下面还有19个员工”，就是搞定杭州的岳父大人的套路。

心理学中有个概念叫首因效应，就是说第一印象一旦建立，其后的信息组织、理解都会根据第一印象来完成。相亲过程中，首因效应的作用明显。

所以，在所有的相亲活动中，每个人都必须非常重视自己带给对方的第一印象。第一次见面带给人“有心动、来电”的感觉才能有后续的发展，尽管第一印象在某些人看来具有一定的欺骗性，但在建立关系后的频繁交流中还可以通过近因效应去检验彼此是否值得进一步发展。

近因效应是指最新获得的信息的影响比原来获得的信息的影响更大。一般情况下，特别是关系亲密的人之间容易出现近因效应，不熟悉的人之间首次见面则容易出现首因效应，而在日后的交往过程中，近因效应起的作用更大，正所谓日久见人心。

我有个同学当年在广东工作时，用QQ跟一个河南女孩聊天，几次视频对话后，他就直奔河南与那女孩见面。现在他们已经在长沙安家，有了两个可爱的小宝贝。

各类移动社交平台不断涌现，专业红娘网站红红火火，为年轻人提供了大量的寻找相亲对象的机会，同时传统的线下社交的相亲活动也相当火热，不少旅游、餐饮、娱乐等机构推出了大量相亲主题的活动，吸引了不少年轻人。

如何在各种相亲活动中展现自我，赢得心仪的相亲对象的“来电”，没有标准可言，但肯定有很多基于笼络异性的套路可以施展。

孔雀开屏是为了什么？雄螳螂为爱而献身是为了什么？动物界的求偶如此美丽又如此残忍，作为高级动物的人类又何尝不是如此呢？无论是男孩去追求女孩还是女孩去追求男孩，都要用实际行动向异性展现自己的爱、责任与关怀。

4. 老板，你好，你太好了

浙江姑娘小夏只身一人从南方来到北京实习，毕业时，原实习单位没有招人计划，她就离开了。后来，经过面试，她到一个社区生活服务平台公司上班了。

在正式去公司上班前，小夏说要先搬家，迟几天去公司办理入职并正式上班。在此期间，其老板主动发来微信，关怀其搬家情况，小夏心里暖暖的，觉得这样的公司真有人情味，正式上班了一定要好好加油干。

正式上班的第一天，小夏被安排在其应聘的策划部门，这部门总共只有 5 个人，但大家似乎都很忙，旁边的销售部电话不断，大办公室没有隔断，所以工作环境并不理想。小夏上班的第一天除了办理入职、体检、熟悉公司业务，也没做什么事情。

大约下班两小时后，小夏又收到老板的微信，问她住的地方到公司远不远，路上要花多少时间，有没有吃过晚饭……小夏一一回答，然后就没有然后了。第一天下班就被老板关怀，小夏虽然觉得有点不对劲，但也没多想，只是觉得是不是老板关怀完了就要布置工作任务在家里加班了。刚正式上班还不大熟情况，小夏也就不大敢主动跟老板说话，所有问话都很有礼貌地回应。

这是毕业后小夏的第一份正式工作，上司面目和善并且对下属很是关怀，所以小夏也特别开心。

正式上班3天后，部门的其他同事说，一般情况每天都能正常上下班，但可能有些工作回住所了也还得继续做。

大约上班一周后，部门同事小聚会，小夏就听到了一个令人不太愉快的“坏消息”：在小夏进公司的前两天，这个部门有另一个小妹妹因为“不可描述”的原因，辞职离开了公司。

接下来，老板给小夏安排了一个非常重要的任务，是帮老板做一个要拿去做融资宣讲的PPT。部门虽然有好几个都是入职不到半年的新人，但把这么重要的事情交给一个刚毕业、入职才几天的小姑娘，也未免太抬举她了吧？

小夏接到这个任务时，有被委以重任的感觉，她非常珍惜这样的机会，心想一定要花足够的时间与精力，好好来琢磨如何做好这个PPT。只不过，从接到这个任务的第一天开始，老板就点名要求小夏下班后留下来加班做PPT，并且他要亲自指导，小夏有不明白的地方可以问他。

后来的结果，大家都能猜到了吧。小夏每天下班时都保持高度的警惕，与公司的男同事尤其是老板保持非常明确的距离，只要老板留下她单独在公司加班，她就借口说男朋友来北京了，要求把加班的活儿带回家做。“斗智斗勇”地坚持工作了一段时间后，拿到了第一份不足一个月的薪水，小夏在一个合适的新工作机会来临时立即辞职离开了。

这是一个典型的职场渣男利用职务便利占女性下属便宜的套路：不断示好，套近乎，然后借工作安排制造各种单独相处的机会，再试探或露出真面目。

小夏发现及时，并快速摆脱了潜在危险。只是，下一个来入职的姑娘可能依然要面对这种情况。

在西北某县城的一位朋友的妹妹就没那么幸运了。这个女孩子在毕业第一年就考上了公务员，每年公务员竞争都很激烈，热门职位报考的人数比例高达几百比一，能在毕业当年就考上公务员，是很多人梦寐以求的事情。可是，当她走上办公室岗位后，已有家室和子女的领导对她各种示好和骚扰，让她几乎崩溃，却又不敢举报。最后家人不得已，找到这位领导，私下给其送了一个不小的红包，请求其“放过”女孩，她才没有再被骚扰。

这种利用工作职务上的便利进而占下属便宜的事情，在工作中应该不少见。一些人利用自己在工作岗位上的职务便利，对其下属尤其是刚毕业的年轻女性图谋不轨。有些人因为生活所迫或者畏惧心理，乖乖就范，让那些人面兽心的上司得逞；也有个别人以这种职场暧昧关系为其在职场立足的“靠山”，并引以为荣。

5. 让人不明就里的宠物狗“雄雄”

雄雄是我多年前在青城山下街子古镇的客栈里养的一条 1 岁大的萨摩耶犬，它每天张着嘴带着天使般的微笑。我每周都要给雄雄洗 1~2 次澡，然后用吹风机把它的毛吹干，所以它的白毛看上去特别漂亮。街子古镇上的休闲游客挺多，每到周末更是将小镇变得拥挤不堪。而我每次带雄雄出去溜达，都会成为镇上一道非常耀眼的风景，经常会有游客主动要求跟雄雄拍照，雄雄见谁跟它打招呼都像亲人一样，有求必应。

有一天下午，我带雄雄去江边溜达，空旷的江岸边没有几个游客，却有一只大约两三个月大、有些脏的棕黄色小土狗，远远地一直跟着雄雄。我找了一下，没找到它的主人，于是叫小狗跟着雄雄一起回到客栈，回来后分别将雄雄和小狗拴在客栈院子走廊的两头。由于小狗很小，又是新来的，我自然就对小狗多照顾一些，并且为了让小狗快速熟悉客栈的环境，我带着它楼上楼下四处溜达，还特意给它做了一些肉汤饭。

第二天早上，客栈伙伴起来先去给小狗喂食，然后再去给雄雄喂食，结果发现雄雄的腿有点不对劲。他问我，是不是昨天带雄雄出去溜达的时候把雄雄的脚弄伤了，说它今天走路一瘸一拐的，用手去碰它的左前脚它就会“痛”得嗷嗷大叫。

我吓了一跳，想：不会吧？我昨天下午就带它到江边去逛了半个多小时，然后捡了一只小狗回来就没再带它出门了，回来的时候两只狗可欢脱了，不可能会有问题啊，会不会是在客栈院子里踩到了玻璃渣子呢？

伙伴说应该没有，院子打理得很干净，不是周末，客栈里的客人少，并且从来没有客人在院子里面喝啤酒什么的。

于是我下楼去看。雄雄躺在地上，一脸无辜的表情，也不像平时那样见到我就站起来摇头摆尾。我蹲下来，准备查看雄雄的两只前腿，怎料我刚刚碰到它的左前腿，雄雄就发出两声惨痛的叫声，然后看看它自己的腿，看看我，没有半点想站起来的意思。

我认真仔细地看了又看，根本看不出任何毛病来。小镇上没有宠物医院，我也不知道该怎么办才好。我摸了摸雄雄的头，然后转头就去找了根火腿肠给它。雄雄趴在地上吃完了火腿肠依然没有站起来。我要忙客栈的事，于是只给雄雄捏捏皮，按摩安抚一下，再安慰几句就走开了。

忙完了客栈的事情，我准备带雄雄和那只小狗出去放风，我先松开了雄雄的绳子，怎料雄雄健步如飞地快速冲到院子的一棵树下方便去了，完

全看不出有腿伤的样子。伙伴也看到雄雄快速奔跑的瞬间，问我怎么回事。我也一脸蒙，表示完全不知情。

随后我就带着两只狗出门溜达了，在近一个小时里，再也没看到雄雄有任何腿部问题出现。

我带着两只狗回到客栈，伙伴笑着说，看来雄雄是怕失宠了。

天啊！狗狗的智商真的让人惊讶，原来是在用这个莫须有的套路来争宠啊！

宠物狗都如此，何况人呢？

这突然让我想起一个大家热衷讨论的话题：为什么很多稍大一点的、开始懂事的小孩不愿意妈妈再生二胎？为什么很多情况下家里的老二会比老大情商更高？原来都是为了争宠，并且为了继续得到宠爱而不断地挖空心思使用自己的套路来达到目标。

关于套路

对于套路这种东西，其实一开始，可能我和你一样，心里是拒绝的。

人类百万年的进化过程，就是不断“与天斗、与地斗、与人斗”的斗智斗勇过程。在适应自然环境及社会环境的过程中，人们通过对身边的人群和事物的观察与总结，做出相适应的行为。例如面对凶猛的野兽，人们发明了兽夹、猎网等工具；面对狡猾的老鼠与黄鼠狼，人们发明了鼠笼。这些工具、手段与方法的使用，屡试不爽，帮助人们赢得了与动物的对抗。

同样，在人与人的相处中，套路也成为一个必然选择的结果，它不断帮助人们在与同类相处的竞争活动中取得优势或避免陷入被动。

所有这些工具、方法、手段及套路的使用，其目的都是让人们在不同的情况下，能有更安全妥当的处理方式，达到更好地生存下去的目的。

“套路”一词，来自武术用语，是指编成套的武术动作。熟悉武术套路的人经常会知道某人摆出一个动作姿势之后，接下来的动作是什么。如今泛指精心策划的成套的技巧、程式或方法，也可以理解为某人做事极具方法或实际经验，从而形成了一类行为模式。

近几年社交平台上遍布的“套路玩得深，谁把谁当真”“城市套路深，我要回农村”“少一些套路，多一些真诚”等用语与表情包，多指某人不简单、有心机，或把其当作一种社交场合调节气氛的调侃。

套的本意是将一个圈状物包裹在某个物体上。

套的用意为何？是蒙蔽这个物体对外在事物的判断能力，以便事情可以向施“套”者有利的方向发展。

例如，在大量的影视作品中，很多高手在打斗中被带入埋伏圈，然后一张大网自上而下像网鱼一样网下来，困住他的手脚使其无法施展功夫，从而使得施网（下套）者成为有利的一方，对事情的发展有主要控制能力。

路的本意是指路径，有明确方向、目标指向的道路，会使人按照一定的规则、既定的方向达成目标，具有明确的指向性。

例如，张先生在工作中为了实现公司的某方面目标，需要借助特定乙方平台 A 的帮助，但公司在与该平台 A 以往的合作中处于不利位置，不能获得较多的资源支持。为了摆脱这种局面，张先生找来另外的第三方平台 B（套路：引入竞争机制，让诉求在平台 A 获得更多支持），同时告知平台 A，如果不能在合作中给予较多的资源支持，将可能选择与平台 B 合作。最终平台 A 妥协，向张先生释放更多的善意与资源支持。

人们之间只要相互发生关系，套路就注定无处不在，你根本无法拒绝。有一位朋友时常跟我讲：熟悉职场套路，才能少走弯路。工作中如此，生活中何尝不是如此?

套路，经常给人的感觉是让人躲避不及。

你是不是不想被他人的套路摆布？例如，在孩子的成长过程中，一些家长以自己的既定目标或标准来引导子女的兴趣方向及学习进度时，就经常会采用各种套路来给目标做导向，让尚未有明确自我主张的子女按其指引的方向一步步前进，甚至强行将子女的兴趣方向朝他们认为更有前景的方向转变。

网上流传一个笑话。孩子因成绩不好，又被妈妈骂成笨鸟。孩子不服气地说：“世上笨鸟有三种，一种是先飞的，一种是嫌累不飞的。”妈妈问：“那第三种呢？”孩子说：“这种最讨厌，自己飞不起来，就在窝里下个蛋，要下一代使劲飞。”

很多家长对孩子的要求更像是一些成年人对自我欲望（理想）无法实现而做出的无奈之举。

有个网友曾发出感叹：小时候，妈妈买了四大名著放在我床头柜上，然后跟我说，小孩子千万不要偷看这些书。于是，这个网友背着妈妈把四大名著全都看完了。长大后才知道，原来这是妈妈的一番良苦用心。

生活中的这些套路，有时候让你心甘情愿、不知不觉地钻进去，回过头来你会心存感激，感谢他们用那些套路在你对未来茫然无措的时候帮助你选择，帮你找到方法助你成长。

所以，在很多场合，套路又让人着迷，难以抗拒。

一位年轻爸爸好些天没带小朋友出去吃饭了，想趁周末带他去吃，便主动问了小朋友想不想吃肯德基，小朋友立刻回答："想。"为了培养小朋友的劳动能力，这位爸爸跟小朋友提出如果他能够打扫一下房间卫生并且整理那些乱放的物品的话，就立即带他去吃炸鸡。于是顺理成章地，每次出去吃饭前，小朋友都要先完成一些特别的任务，甚至在大人没安排的时候，小朋友自己还会主动提出先做一些作业或其他任务才去吃。

很多时候，为了达到自己的目标，你难道不曾精心使用套路？例如，在工作中，你想达成某项工作内容必须要有他人的合作，而他人并不一定对你的合作需求感兴趣，可能这时候你就要使用各种套路来达成合作意向了。

在"汉语盘点 2016"活动中，"套路"一词被评为 2016 年的年度热词。"我走过世间最长的路，是你的套路""自古真情留不住，唯有套路得人心""套路，全都是套路"……这些都是网友在各种场合经历无数套路后对人在江湖、身不由己的感叹。

人们无法拒绝长大，生活中大量的套路一旦被察觉，难免会给人带来一定的负面情绪，所以人们都希望在社交中淡化这种心机。而即使人们无法避免被套路，也希望能赋予这种精于“算计”的套路一种善意。

在成长的过程中，我们首先跟着大人学习、模仿大人，模仿是最简单直接的创造。

一开始，我们很难有自己的逻辑思维方式，我们通过不断在模仿中进行改进并结合自己的创新，形成具有创造力的思维方式，并结合个人对所处环境的理解与应用，变成一个又一个好用的套路。

“熟读唐诗三百首，不会作诗也会吟。”在不经意间，我们所学到的知识、经验就会改变我们的思考能力及写作方法。所以，套路也可以是一种不断创新的探索某种方法的过程。

在美国的总统大选中，每个候选人都使尽浑身解数，试图抛出更多与关键投票选民利益攸关的重大决策观点，同时制造全民讨论自己与个人主导政策倾向等方面的宣传攻势，发动媒体，营造有利于自己的竞选“场景”，吸引并说服更多的选民为自己投上一票。每个投票人的心理很大限度上受到当时所处场景的影响，而不是普遍认为的性格、经历。场景会带来外在的压力迫使一些投票人做出“从众效应”的跟随。随着竞选的激烈程度的递进，候选人还可能相互揭短或攻击，公众明明知道这就是竞选套路，但也乐在其中地从几个“坏蛋”中选出一个不那么“坏”的。

人类社会是一个以利益交换为基础的协作社会，人们时时刻刻都在不同的场合进行等价或不等价交换来换取不同的商品或服务。商业社会中，如果我们做生意，就要在交换中赚取更多的差价来产生利润，而用好套路，利用好信息差或人性的弱点，就可以在商业交易中赚取更多的差价。

所有这一切都在不断证实，我们为了更好地生存在这个物竞天择的星球，无时无刻不需要面对各种套路。

套路是一把双刃剑，我们要做的是学会思考并防范外部的套路带给我们的风险，同时也要掌握更好的套路为自己所用，帮助自己披荆斩棘，与这个世界和谐相处。

施套者有哪些特征

施套者常常具备哪些特征呢？

其一，有明确的目标指向。非常明确通过与将要发生关系的对象交流或交换之后达成什么目标，施套者常常借助以往的经验（套路）等方式最快速地接近目标，并且有时候会为了让套路不易被察觉而隐藏目标，使得套路的效应增加而更容易实现目标。

其二，掌握不对称信息。可以较快地获取身边的事物、人物、事件的最新信息，制造或掌握交流/交易对象所不具备的不对称信息，并通过对信息的把控，精心策划应对即将发生事件的方式方法，使对方在“认为合理”的套路中按自己的目标前进。

其三，对进程有预案。通常情况下，施套者会有一个试探的过程，试探被套路者是否按自己的设定来思考并产生相应的行为。施套者在试探的过程中可能还要准备“备选方案”以应对被套路者在“不吃这一套”的情况下，用另外的套路实践“总有一套适合你”，这样就更能主动把握进程，控制进程，从而在进程中左右被套路者的选择和决定。

其四，目标明确意志坚定。因为套路就是为目标服务的，所以在实施套路的过程中，施套者不会轻易被外部因素打乱节奏，并且意志坚定，一旦实施套路的进程启动，其他人很难用自己对于交流/交易进程的被动局面改变这类人的目标。

其五，寻找价值认同。施套者不断试探被套者的过程，实际上也是一个寻找双方价值认同的过程，找到了共同的价值认同点，施套者才有可能达到最终的目标。反之，若是价值认同出现偏差，那么套路实施的难度将会增加。

例如，在炎热的夏夜，你的一个非常好的朋友决定去外面吃烧烤，但又觉得一个人吃没意思，他也知道你平时基本不吃消夜，晚上也很少出门，但他依然希望你可以出来陪他。如果他直接提出来，说约你出来吃烧烤，可能这时候你刚洗完澡，正在家里玩着手机游戏吹着空调，不想弄得一身烧烤味回来又要再洗澡，不一定会去。

这时候如果他跟你打电话这么说："你在家吗？"你回复："在啊，怎么啦？有事么？"

他接着说："我在 ×× 楼下，出了点事儿，你赶快过来一下。"你可能会想是不是出了什么意外情况，问："出了什么事？严重吗？"

而他也不说具体什么事，只说："你赶快过来，越快越好，三言两语说不清楚。×× 楼下，×× 烧烤店这儿啊，我在这里等你。"

这个时候，即便你听到更具体的位置时猜测到可能是吃烧烤，但你还会拒绝吗？

生活中各种不是出于自愿的选择，可能都是背后很深的套路在发生作用。

在这个约吃烧烤的过程中，朋友首先提出封闭式的问题就是进行套路的第一步，引导你的思路跟着他的问题方向走。如果抛出的是"你现在在家干吗呢？"这样开放的问题，假若你正好在忙什么事，他就没有理由再往下邀请你出去陪吃喝了。接着他通过"出了点事儿"来制造紧张的气氛，含糊地提出他的请求，让你在不了解真实情况的基础上回应他的请求。

在整个套路的描述过程中，朋友一直没有将“出来 ×× 楼下 ×× 烧烤店陪我吃烧烤”告知，因为他明确被邀请对象听到这样的话的第一时间可能会拒绝，所以通过设定几个问题来将缺失的信息一点点补充完整，这样，在一点一点补充信息的过程中，不断提出额外的要求，直到你跟着他的套路做出决定。

施套者从来都是从细小之处试探被套路者对于他们即将达成目标的某些事物的价值观，更直接的说法就是利用了人性的弱点向被套路者施加影响力，并在沟通过程中潜移默化地影响被套路者的内在认知与外在价值认同，从而左右被套路者的选择和决定，牵着被套路者的鼻子走，最终达成施套者的目标诉求。

写到这里，我想到我写的营销工具书《答案营销》一书，里面讲到的实施网络营销的方法，其实也是一种跟这个套路类似的营销实战。简单来说，《答案营销》讲的就是企业如何通过产品驾驭人性赢得人心的套路在网络营销上的具体应用。

如何在套路与反套路之中博弈

2017 年 10 月 13 日，在中国内地上映的泰国电影《天才枪手》打破了青春类型的边界，将动作片元素糅杂其中，展现了令人过目不忘的场景。谁也没想到，几乎每个人都经历过的沉闷“考试”，会变成一种带有紧张色彩与刺激感的动态事件。电影中没有一个流量明星，却登顶泰国电影票房冠军，在中国大陆上映 9 天票房即达 2 亿元，甚至在全球范围内都引发了热议。

《天才枪手》以动作片的视听形式表现泰国一群高中生的作弊行动，它的最大成功来自编剧与导演的“不按套路出牌”，将一部青春校园题材的电影，全面纳入侠盗电影和间谍电影的场景、对抗模式等，用玩味的构图、出彩的剪辑和抓耳的配乐，将影片处理得畅快淋漓。在编剧与导演的反套路框架里，考试作弊就像是一场地下暗战，在传统考试作弊与监督考试秩序的套路里不断进化，成为几个高中生的一场惊心动魄的“不可能完成的任务”。

反套路，一方面是识别对方的套路，然后反对或揭开对方的套路；另一方面是顺着对方的套路思维，在满足对方的套路诉求过程中反过来给对方设下一个套路满足自己的另一目的性需求。

反套路首先是自己已经置身于对方的预设套路中，所以这对大多数人来说，并不容易做到。例如，某公司为了达成某一种商品在大范围内的销售，经常使用夸大其词的广告覆盖人们目之所及的地方，从而达到告知并用强烈的导向性语言引导用户选择使用的目的。这可以看作是基本的广告宣传套路。当需要这类商品或服务时，你恰好看到了对方的销售套路而相应产生购买行为，但这不能称之为被套路。若是当时你并没有实际需要，却在对方的宣传鼓动下产生冲动消费，那就肯定是被套路了。

另外，相同类别或功能性质可替代的商品同时出现在你面前，你的选择变多的时候，相应商品的销售商只采用常规的套路销售商品就明显不如特价优惠、促销、赠送等销售手段吸引人。超市为了更好地推广重点合作商的商品而把最好的位置用于相对应的商品陈列，这也是超市的促销套路，作为消费者的我们时常无法抗拒这些套路。

套路本身就是一种方法论，如果不想被套路，那我们无时无刻不需要与这个方法论进行博弈。罗伯特·西奥迪尼的《影响力》为我们做了较为完美的诠释，向我们介绍了“互惠、承诺、社会认同、喜好、权威和稀缺”这 6 个特性在心理学上的应用，讲解了一个人是如何被他人影响的，以及发现并提出不被他人影响的方法。

在这里，我们挑出社会认同、承诺一致性和稀缺性这 3 点来看看套路与反套路是如何演绎的。

其一，社会认同这类影响力在套路中的表现可以在某种程度上理解为从众效应。社会大众的认同，会带动个体的认同。

例如，很多特色小吃店雇人排队，路过的人看到很多人排队，一般都会产生好奇心理去了解这家小吃店的商品和服务，如果时间允许的话，很多人会前去品尝，即第一次是通过看到他人排队而产生认同心理后转化为消费行为。小吃店的套路就是雇人排队，目标是通过社会认同的从众心理吸引过路客前来消费。

各种电商购物平台刷单与刷好评，也是同样的道理。订单与好评本身就具有强大的商品“认同”倾向，可以带动其他用户的从众消费。如果排除刷单与刷好评的情况，正常情况下的这种从众是一种省事省力并且不会选择错误的好办法。

所以我们想要反套路，就需要善于去识别、求证这种公众认同是不是假的。例如，在很多商品好评中，经常可以看到相同的评论图片或相同的文字，或者一些夸张的说辞等。另外，一些问答社区的问题与答案，也是 SEO（Search Engine Optimization，搜索引擎优化）的手段，以自问自答来迷惑用户。

当我们不得不选择某些明明看上去都是刷好评的商品时，如果换一种方式（例如在微博或朋友圈发出相关问题寻求朋友的口碑求证）去获得真实评价就能避免被带到坑里去。

其二，承诺的影响力是利用用户相信言行一致的心理。人们都相信真善美的东西，几乎所有商品在宣传时都会被包装成真善美，借此来打动用户。

但是，一些保健品在宣传时被包装成“包治百病”的良药，网上一些假酒被包装成“100%粮食酒”，朋友圈的一些微商也用各种承诺让人们相信他们的商品或服务品质是最好的，频频引得“好友”上当。

我有个朋友网名叫“行知”，出自王阳明的“知行合一”。他家上小学的小朋友最想在六一儿童节得到的礼物竟然是一部手机（当然是要玩游戏了），他肯定不同意。但作为交换条件，他同意给小朋友买一款航模，结果小朋友立马指定要买和某个同学一样的航模。

“行知”在儿童节当天下午开车带小朋友到市里唯一一家航模专卖店，结果不巧的是，小朋友要的那款航模断货，服务员向他们推荐了另外的航模，并告诉他们下周会有他们想要的那一款航模到货。

“行知”主动询问小朋友是要等一周再来买那一款，还是现在选一个差不多的，结果小朋友说还是想要那一款。但“行知”想到今天是六一儿童节，又答应过小朋友买航模，于是继续征求小朋友的意见，勉强得到小朋友认可后就给小朋友买了另一款航模。

一周后的周末，小朋友主动向“行知”询问之前答应给他买的那个航模到货了没有。

这些航模很贵，家里已经有好几个了，不应该再买了。但最初确实是答应小朋友要买指定款的，“行知”只得再次兑现当初的承诺。

“行知”去航模店里时，接待的是另一位工作人员。“行知”进门就问：“你们那一款 ××× 的航模到货了没有？”工作人员立马回答：“先生，您说的这一款一直有货的。”

“行知”蒙了：“一直有货？我‘六一’那天来的时候怎么说没货呢？”

工作人员立刻回复：“我们最近在跟好几个学校联合搞航模活动，那一款航模确实非常受欢迎，但我们的库存只有几件了，临时从厂家调货来不及，所以就把那一款临时下架了。”其实下架的真实原因是另外几款航模的库存量巨大，航模专卖店为了卖出更多其他的航模，临时把那一款航模下架。而且据了解，“行知”家小朋友的学校里，有好几个同学都遇到了这种情况，在“六一”当天买了另外的款式，而参加航模活动时大家都用的指定款，已经有多位家长再次来购买指定款航模了。商场在“六一”当天说要一周后才有货，是因为一周内可以退换货，而过了一周时间，家长就只能另外再买新的了。

行知明白了，原来这是航模专卖店的销售套路。“六一”是购买高峰，他们故意将活动指定航模下架，使得家长认为另外买一款看上去差不多的

也可以，巧妙地利用了家长们对小朋友的承诺。

“六一”当天，行知发现没有指定航模的时候，是有瞬间不愉快的。其实行知当时已经陷入了承诺陷阱，即使说服了自己，也违背了最初答应小朋友的承诺一致性。

如果当天把问题抛给孩子来选择，例如说：“我答应你买的那一个现在没有，要一周后才有，你是要等到一周后来买那个还是现在就买一个别的？只有一个机会”，让孩子通过自己的行动来实现承诺一致性。他要是确定买了一个又吵着要买第二个，就是言行不一。

美国著名思想家拉尔夫•沃尔多•爱默生有句名言：死脑筋地保持一致愚不可及。承诺就像是双刃剑，拥有这样的品质自然是好事，但是要小心被别人利用牟利。当我们发现哪里不对时，要立刻做出判断和调整。

其三，稀缺性，是利用商品的数量稀少来影响用户的决策。

提到稀缺性，很容易让人想到的是各类商品促销时的“限量××件”、某电子产品的“饥饿营销”、奢侈品的“限量版”等。

一些商品无限量供应时，人们可能会熟视无睹；一旦给某些商品销售加上一些前提条件或规则，让人“求之不得”时，反而会让人们对它产生浓厚兴趣。

为什么会这样？因为这些营销套路往往会给人制造一种错觉：这商品很稀缺才会这样做吧，一定是非常好或者与众不同的东西才会这样稀少吧。

一旦商品稀缺，那么它会带给人们两方面的暗示：一是量少，二是下手要快。

几年前，我在拿到驾照后的第二天就去北京南四环的花乡二手市场看车，当时想买辆二手的现代途观来练手。在我跟销售人员沟通了解的过程中，另一位销售人员也领来一位顾客看同一辆车。这时候销售人员提醒我，这款二手车很受欢迎，今天估计会有好几个人来看，如果确定要就要赶快下手，要不就会被别人买走了。

他这么一说，我还真的有点紧张。于是，我非常谨慎地留意第二位顾客的举动，可以说，他的一举一动都对我造成了一种无形的压力。

而更巧的是，不一会儿，又有另一位想买车的顾客过来加入咨询队伍。当时只有两个销售人员在店里，人一多，都有点忙不过来了；要命的是，几个人都被推荐咨询同一辆车。

第二位来的顾客还时不时向我询问对这辆车的看法，估计也是刚拿到驾照不久的新手。不过，他的动作更快，几分钟后就爽快地跟店家说，再优惠 1000 元钱，就定下它了。

结果他如愿以偿。

当某个商品成为竞争资源被越来越多人关注时，就会有人仓促出手，赶紧锁定它。刺激人们做出决定购买的往往不是商品本身，而是分分钟就可能会失去的紧迫感，这让他们产生了想要快速占为己有的情绪，这时候的大脑很容易变得不那么理智。

当人们不能自由地获得某个物品时，会对它产生更大的占有欲，非常想要得到它，这是稀缺性心理导致的。所有的拍卖活动都非常好地利用了拍品的稀缺特性。

面对这种稀缺性的诱惑时，我们来试试反套路。

首先，判断自己在某种特定的“竞争”环境下，是不是情绪高度波动了？

面对稀缺、高价值资源的时候，人最容易情绪波动。例如，在拍卖场合喊价举牌时，一些人就会高度紧张。一旦紧张，脑部充血，人就容易处于亢奋状态，对关注的焦点相对集中。例如，集中于价格，这时候人往往容易做出冲动行为。

其次，为防止被套路，我们必须先让自己在这种场景中冷静下来，问问自己的初衷：我为什么想要那件东西？

如果你是上面的二手车买家之一，当你发现意向的车子可能很快会被其他人买走时，能不能让自己冷静下来，就当其他人都不在场，问问自己：买车子是为了什么？

对于当时是新手的我来说，我就是想买辆车来练手。如果这款车子仅仅是练手、代步，那适合自己就买，不适合就不买。如果被别人买走了，我还可以选购别的车，如果非要这一款二手车，还可以去其他的二手车卖场继续物色。

搞清楚自己购买某些“紧俏”商品的原因，确定自己是理性购买，就不会总是被套路了。人们的很多消费是一种无意识的心理反应，商家恰恰就是在即时营造这种“稀缺性”来挑逗人们的情绪，促使大家变得不冷静并快速做出决策。

懂得稀缺性的心理以后，我们就明白了商家的各种促销套路。自己学会冷静以对，理性消费，就不会变成被套路的对象。

这里有另一个听上去非常“有趣”的套路与反套路博弈的故事：

一个朋友接到一个骗子的电话，对方刚说：“您好，您被选作幸运观众得到了 100 万元的奖金……”话没说完，电话那头的骗子就忍不住笑场了，“对不起，我是骗子，第一次，没准备好，不好意思。”于是把电话挂了。

过了几分钟，还是这个号码，朋友接了，骗子继续：“哈哈哈……，对不起，我还是没准备好。”又把电话挂了。

第三次他说：“您好，我是那个骗子，刚刚给您说那个100万元确实是骗人的，但是我们老大说可以有5万元资金先拿来引人上套，不如我们俩把它分了吧。这样，你先给我1万元，我去把那5万元拿到手，然后咱俩平分……”

于是，这个朋友就这样被骗走了1万元。

伙同骗子去骗人？开什么国际玩笑？有人竟然幻想能从骗子那里得到好处，简直是异想天开。但这个朋友却因为骗子一而再再而三地“真诚”相待并“如实”禀报自己的身份而选择了相信骗子。

明明已经知道了骗子的行骗行为，却天真地想“反套路”从同一伙骗子那里骗到钱，真是聪明反被聪明误。

第二章

套路心理学

生活中之所以有那么多的套路和被看似馅饼的陷阱套住的人，是因为实施套路者能够抓住不同年龄不同层次的人的需求，利用人们的认知局限来操控人心。人们为什么会不断陷入套路之中？为什么有些人喜欢在生活中使用套路？这些都可以从本章得到答案。

人们为什么就吃这一套

收音机里卖药的广告已经风靡几十年了，电台的医药类节目在听众的口碑中也一直都不好。但几十年过去了，在移动互联网一统天下的年代，依然有很多老年人尤其是独居老人，钟爱着收音机里的这些广告节目。

各种广播电台里的医药类节目大多以治疗男性病、妇科病、肝病、性病等疾病和“三高”为主，基本的套路清一色都是如此：一个“医生”在电台喋喋不休地讲述这类病的危害，他们生产的药效果如何好，然后几个“患者”分别讲述各自的情况，以及吃了这些药之后如何神奇好转……

那些坐在直播室中大肆讲解医学原理并为患者进行诊断的都是些什么人？他们中大多数都自称是某某医院的主任，或者是医学顾问，甚至自称是某某医科大学毕业的博士，发表过多篇论文，得到过许多你从没听说过的国际医学大奖……他们要求主持人在节目中帮他们撒谎：今天我们为您请来的专家是 ×× 教授，他毕业于第 × 军医大学，并获得博士学位，他发表的 ×××× 论文在 2008 年亚洲 ×× 医学会上获得各国专家的一致好评……而实际上这个所谓的教授可能就是个高中毕业生，参加工作不到两三年。可是仍然有很多老人毫不犹豫去相信这一切，花很多钱去购买没有任何疗效但又吃不死人的假药和伪劣保健品。

这些用户（听众）为什么就吃这一套？

我们来认识一个词：**认知天花板。**

过往的经验、即刻的精神状态与所处场景等都影响着人们对事物的认知及对事件的决策。通常，环境的变化会改变我们的心理状态，从而对我们的行为决策产生影响。最直接的莫过于我们所居住的房子，如果没有天花板，我们就可以白天笑看浮云飘过、晚上仰望璀璨星河，可天花板限制了视野向上延伸，在给予我们一种束缚感的同时，也给予了我们一份被保护起来的安全感。

天花板越低，空间就越显得狭小，压抑感自然也就越强烈。但另一方面，狭小空间的安全感却很高。小的空间可以让人用最快的速度感知身体周边的危险与压力，当人们面对未知的时候，空间越小就越可控，不需要花更多的精力去担心潜在的伤害。

为什么会这样？

人的生长发育最初就是在子宫这个狭小的空间里开始的，母体赋予的安全感是其他任何方式都难以替代的。我们在受到委屈或危险的时候，经常表现出来的行为是用被子蒙着头、躲进狭小的卫生间或者把自己关进一个安静的小房间……种种表现都是因为小空间会带来安全感。

只要楼层的高度超过 2.8 米，一些地产商就会大肆宣传自己“重新定义人居新高度”。普通洋房的楼高一般在 2.8 米，据说这个高度可以在保证居住舒适度的基础上，最大限度地节约能源。真实情况是，一般人在楼高 3 米以上的空间里待着，感觉就很不一样了，空间感会迅速增强。想象一下你坐在购物中心四五米净高甚至中空硕大的购物广场的中央仰望上空，是不是会有完全不一样的心理状态？

英国心理学家 D. 肯特说过：人们不以随意的方式使用空间。意思是说，人们在特定空间（环境）中采取什么样的行为并不是随意的，而是有特定的方式。这些方式一方面会受当时所在的空间环境对心理与生理的影响，另一方面是基于生物进化的本能。

美国明尼苏达大学卡尔森管理学院的约翰•梅尔斯莱维（Joan Meyers-Levy）教授等人 2007 年发表于《消费者研究》（*Journal of Consumer Research*）中的文章对此进行了研究。在实验中，他们将两组人同时安排在两个不同高度的空间里，在两个空间里分别摆放了相同的商品照片，这些照片上的商品看上去非常漂亮，但细节处都有较明显的瑕疵。参与活动者分别对这些物品进行描述或评价。结果那些在天花板很高的房间里的参与者，对商品的描述普遍都很正面，以描述商品的外观形象为主；而在较低天花板房间里的参与者，对商品的描述普遍将注意力集中到了商品局部的瑕疵上。

为什么空间的高度就足以影响人们对同一个物品的关注点与评价呢？研究者给出了这样的解释：当我们头脑里“自由”的概念被启动时，我们的思维在处理信息中可以自由发挥不受限制，从而更容易发现所有信息之间的共性特征；如果启动的是“压抑”的概念，我们的思维就会被局限在特定的物品上，从而对某个特定的物品进行精细的加工。

商业活动中，我们经常要不断寻找相对精准的目标用户群体，并且给相应的群体贴上相应的标签，从年龄、性别、喜好到家庭、生活、工作行为等方方面面进行分析总结，然后寻找群体的需求共性与对某类事物的认知天花板。

同时，商家通过营销活动不断激活用户已有的常识体系，引导并帮助用户打开固有的天花板，通过商品的功能及各种概念包装的新认知，赋予用户更多“好处”。

每个人都是有认知天花板的。人们在自己擅长的领域可能是专家、学者，可是在其他领域可能只是个门外汉。“活到老学到老”的求知本能推动人们不断地学习新知识，以便让自己在这个纷繁复杂的世界里生活得更好。

回到上面的话题，这些在电台、电视、报纸、杂志及网络平台等将保健品功效宣传为医药功效的骗子们，正是充分利用了人们对于疾病与医药知识方面的认知天花板，不断地向老年人群体灌输有效、特效、高效等强化医疗功能的药品“知识”，而老年人则不断地为“求知欲”买单，不断被激活的“惜命”需求买单。不仅是老年人，年轻人也同样在不断为所谓的认知天花板买单。

除了老年人，各年龄层的人们是如何在他们的认知局限里吃这一套的？

在这里，我们将人的一生分为四个阶段，如果某种商品或服务在人们的核心需求上能帮助他们突破“天花板”获得进一步的认知与收获，那么他们就很可能会吃那一套。

小孩子的关键词：玩（玩乐与学习）。

小孩子天性爱玩，好玩才是王道，寓教于乐，在玩乐中学习，在成长中玩乐。玩是一种享受成长过程的极佳状态。都说兴趣是最好的老师，如果能把培养小孩的兴趣变成一种玩法，小孩子能不喜欢吗？

年轻人的关键词：性（两性与情感）。

没有任何东西能够取代它成为年轻人群体中最为热衷的话题，无论低调含蓄还是张扬暴露，人们聊性的方式花样百出乐此不疲，生活中的任何事物几乎都可以与之画上等号，带来性愉悦，或成为性暗示。如果你的商品或服务可以成为他们愉悦地表达“性”的绝佳方式，他们有理由拒绝吗？

中年人的关键词：钱（赚钱与经营）。

中年人是社会的中流砥柱，他们迈过了少年成长阶段，承担起家庭的重担、企业重任及社会使命。这个时候，中年危机带来的各种焦虑让他们极力渴望财务自由、家庭无忧。只要是能够帮助他们在成本中省钱、在开源方向挣到更多钱的各种套路最受欢迎。所以，朋友圈、自媒体等各个平台上，各种贩卖中年焦虑的宣传不断挑动人们的神经。

老年人的关键词：命（养生与健康）。

惜命是人类生存的本能，对很多老年人来说，“死”或与“死”相关的各种字眼，似乎成了他们最大的忌讳。有的老人身体稍有不适就怀疑自己得了大病，整日提心吊胆；有的老人常因身边有人离世而感慨人生无常，整日闷闷不乐；有的老人早早开始准备自己的身后事，给自己预先写好了悼词、遗嘱等。当然，大多数的老年人，都在寻找“保命”的良方。

世界如此美好，为何不逍遥快活地再活它五百年？保命的需求从中年到老年持续几十年，这也是为什么老年保健品在各种营销活动中长盛不衰的重要原因。

庄子有云：善骑者坠于马、善水者溺于水、善饮者醉于酒，善战者殁于杀。俗话说的“淹死的都是会水的”就是这个意思。

当人们对于某些知识处于略知一二或者“知其然却不知其所以然”的时候，也是最容易被这些带着“新认知”的套路所套。例如，有些健身场所，卖出的年卡非常便宜，但会在鼓励会员坚持训练的同时，不断向会员灌输其他相关理念，推销相关增值商品或课程，以便让这些会员快速获得更直接可见的效果。

所以，不要看到很多老年人特别容易被保健品与药品销售的投机分子所“套路”，就把这些老年人看得那么落伍，他们普遍只是在惜命的路上不断寻找新的突破点时碰到了大量的骗子而已。

只是不同的人被套路的方面不一样罢了。很多人被“仙人跳”、套路贷后“哑巴吃黄连”，自认倒霉不敢声张，以防被人嘲笑。例如，明明知道奢侈品不可能 3 折、5 折甩卖，仍然相信各种漫天飞舞的冒牌奢侈品广告。马云在为淘宝网辩白时也说过，有人想花 58 元钱在淘宝上买到劳力士手表，其实是自己的贪婪在放任假货横行，却把责任推到平台头上。想来是有一定道理的。

除了认知天花板，还有一个很重要的方面就是对专业与权威的盲目信任。这东西很容易“欺骗”人。

商店里的销售人员为什么一般都会先介绍较贵的商品？因为当你先看到贵的商品以后，再看其他价钱低的东西都觉得很便宜，买起来也不会那么心疼钱了。这里运用的就是心理学上的对比原理，实际上更深层的原因是你相信导购是专业的。

专业是权威的基础，权威是专业的外在表现之一。

权威本质上是掌握了不对称的专业信息。也就是说，在你不擅长却又要与之发生关系的领域，相关专业知识掌握得比你多的人就比你权威。经济上的权威如此，政治上的权威亦然。遵从权威是普遍心理，这也是人们与生俱来就被环境教育的结果，因为不遵从权威就可能“吃亏”。

还有一些善于利用套路的人，通过“贬低”你来塑造自己强大的形象。久而久之你就真的认为自己很无用，什么都得听他的了。他逐渐成为你心中的权威，于是你会不假思索就相信他、崇拜他。另外一些人则可能在你身边一直表现得楚楚可怜、柔弱无辜，当有一天你拒绝了他的请求，你会觉得自己像是在犯罪。于是，你不仅认了他“天生影帝”般的套路，还可能会因为中套付出后而有不错的“成就感”。

你知道很多商品从研发、设计到生产销售及商业包装宣传等各个环节都充分运用了心理学知识吗？如果你心里明明知道对方的目的和操控流程，但你依然愿意按照对方的预想去做，从而使对方达到目的，当然这其中也实现了自己的某些需求。那么，这些套路不正是为你而设计的吗？

你其实心里一向都很明白，这就是一种套路，但你也欣然主动去接受它，并给自己贴上商家包装好的美丽标签。

随着人类生活中物质与知识丰富程度的不断提升，我们面临的世界也变得越来越复杂。在如此纷繁复杂的物质与知识面前，我们的本能会要求自己快速做出决定，避免过多思考。让专业的人去做专业的事，自己才能更加省心、省时、省事，才能更快达到目标。

人类文明的进步，将催生人们在细分的领域不断思考，而在未知的领域，人们则经常不假思索地照搬他人的经验与套路。所以我们随处可以看到，很多商家都会利用人们这种服从专业与权威的心理来帮大家做决定：要（干什么事）就用（某某产品）。

另外，人类普遍具有固定的行为模式，一旦遇到相似的事件便自动触发既定的行为序列。这种行为模式是我们在后天处理过大量类似事件后造成的简捷认知：不用思考，照做就是。也就是相信经验与常识的判断。例如，现在的小朋友爱看的动画片《赛尔号》《神奇宝贝》《熊出没》等，和前些年的《喜羊羊和灰太狼》有什么区别呢？再往前，和几十年前的《猫和老鼠》本质上不也是同一个套路么？剧中的“好人”不断地做各种“任务”，完成各种莫名其妙的目标，其中总有一个永远也打不死的坏蛋（还经常装“好人”)，从头到尾一直在搞各种破坏。不过换了个场景而已。

生活中我们做的很多大大小小的选择，都是自愿自发并且深度思考与分析过的吗？

当然未必是，也不可能什么都去深度思考。

这就是生活的本来面目。生活没有欺骗你，只是在看清了生活的真面目之后，你需要依然热爱生活。

人们为什么喜欢用套路

《孙子兵法》中有一句脍炙人口的话：“凡战者，以正合，以奇胜。”

一般人都认为奇兵是不按常理出牌的兵，或者是从旁边突然杀出的兵。枭雄曹操则认为正兵和奇兵只是出兵的先后顺序不同，先出的是正兵，后备部队则是奇兵。曹操注解《孙子兵法》说：“先出合战为正，后出为奇。”曹操的观点是不要一下子把牌出完，留一些在手上，到关键的时候再打出去，无论从侧边出，还是跟随正兵出，都是奇兵。

井陉之战是公元前204年汉军与赵军之间的战役。韩信获得刘邦的允许后，为了进一步击垮项羽在国内的割据势力，在井陉口一带和赵军交战，最终以少胜多获得了战争的胜利。此战中汉军统帅韩信展现出了“连百万之军，战必胜，攻必取”的卓越智谋和用兵韬略，其战绩堪称军事史上的奇观，井陉之战则是他一生所有战例中的代表作。

在这场战役里面，背水一战的是韩信的正兵，抄了赵军大营的是韩信的奇兵。赵军回撤抢回营地的时候，韩信的奇兵又变成了正兵，背后追击而来的正兵变成了奇兵。奇正就这样演变转换着。

从这个角度去思考我们身边的工作，但凡做事要留有余地，有备无患，这余地就是“奇兵”。做好自己的主业之后，留出力量做的创新型的工作就是“奇兵”。守正出奇，不仅成为古代战场上的套路，也是现代商业战略上的套路。

阿里巴巴公司最初是做B2B起家的，2007年阿里巴巴的B2B业务在香港上市，但在B2B业务一天天受困没有进步的时候，阿里巴巴集团新创的业务C2C业务——淘宝网却越做越好。B2B公司就是阿里巴巴当时的正兵，C2C淘宝网就是阿里巴巴的奇兵。后来阿里巴巴的B2B公司选择退市，淘宝网顺理成章成为阿里巴巴集团的正兵。之后的支付宝、蚂蚁金服等产品则变成了阿里巴巴集团新的奇兵。

前几天，腾讯电脑管家突然在电脑上提示我，爱奇艺APP正在后台自动更新，然后把它标识为流氓软件。我当时有点纳闷，常用的软件怎么在电脑管家里就成了流氓软件了。接着电脑管家弹出提示窗，提醒我禁止或者卸载该软件，我自然不理会，直接关闭了弹窗。可是就过了一会儿，电脑管家就给我推荐了自家的同类软件腾讯视频。

借着维护电脑安全的名义，电脑管家就这样悄无声息地恢复了当年的流氓软件套路。只是不像当年那些流氓应用直接在后台给你安装，如今这样的安全管理软件借着安全的名义“我就是要推荐我自己的应用”光明正大地耍流氓。想当年“3Q大战”不就是两大软件公司肆意践踏用户权益的案例么？如今用电脑的人少了，这些以安全软件为首的应用大有卷土重来的架势。

套路不仅是一种方法论，它本身也是战术，或者是一种由掌握话语权的人制定的约定（强制性约定如法律，非强制性约定如社会道德）。按套路出牌可以增加正义感、神圣感、使命感，但前提是双方有相同的文化、宗教、生活背景，如果遇到不懂这一套的人，那就很难说会有什么样的结果了。

落后就会挨打，是代表先进的思想文明与技术进步试图通过“武力”让落后者臣服并接受。先进的群体掌握了话语权后就会用自己的套路来制定游戏规则，让落后的群体遵守执行。

每个人都期望自己在更多方面或领域成为“权威”的代表，好让自己能够在该领域的利益分配中掌握主导权，成为规则或套路的制定者与实施者。大家都希望用套路去顺利达成目标。而套路就成为拥有主导权的人保障自己的目标利益和诉求达成的最省心方式。

也有另外一种情况，懂套路、按套路出牌成为一些朋友有效降低或规避风险的方式。瑞士精神分析大师卡尔·古斯塔夫·荣格在《寻求灵魂的现代人》一书中说，现代人有一种以经验为基础，而非以信仰或任何哲学体系为基础的心理，这种心理可以说是一种精神生活的深度不安。

套路还是一种心理控制手段，它从小事开始试探被套者，左右被套者的选择与决定，长此以往还将潜移默化影响被套者的价值取向甚至自我认知。不怀好意的套路（心理控制）让人鄙视，但我们要了解这些套路，才能更好地摆脱这种隐形操控，并在社会交往中掌握主动权。

现代社会生活套路横行的最大原因是信息爆炸，信息量过多让人们无所适从。你可能会在一个微信公众号上看到生活小知识说要这样降“三高”，但转过头来打开今日头条可能看到不一样的降“三高”方法。有位朋友虽然特别听信他认识的某个医院专家的意见，但也经常转发分享各种自媒体上的医疗保健知识。

大量知识需要人们去消化，而人都是有惰性的，容易选择或相信亲身经历过的经验判断，而忽略背后深层次的不同境况。人们只喜欢记住跟自己理解相关、与经验认知相关的知识点，因而几乎处处都是认知天花板。

套路作为被总结出来的有效经验，对于想要达到某个目标的人来说，它有非常多的用武之地。

同时，人们在生活、工作与成长过程中普遍都会经历“吃一堑长一智”的事情。趋利避害的本能使得这些经历不断影响人们的价值观，从而让人们形成自己的应对套路，以便在以后类似的经历中去使用，并享受使用套路后带来的成就感或达成目标的快感。

人们在某方面的缺失被“施套者”弥补，人们某方面的认知天花板被“施套者”打开，“被套者”很吃这一套，愿意为此买单。所以，才会有越来越多的人愿意接受套路去达成自己的目标。

美国顶级投资家瑞•达利欧在他的《原则》一书中告诫读者：在你不擅长的领域，请教擅长的其他人，这是一个你无论如何都应该培养的出色技能。向专业的人士求教，这是我们普遍都习惯去做的，只是我们一定要学会甄别哪些是只有半桶水的“伪专家”，并且尽量不要有追星族的那种狂热心理。如果你想在表演方面有所建树，就多去请教或学习那些演员的表演技巧；如果名人明星代言的各种食品广告你也“爱屋及乌”那就是你的不对了，除非你真的对其所代言的广告商品很需要（心甘情愿为崇拜的名人明星买单另当别论）。要知道，名人明星代言的商品也可能会有商品质量问题。

“自古真情留不住，唯有套路得人心。”套路并不可怕，我们需要更多地看清身边的套路，才能不被一些“施套者”欺骗。面对生活和工作中的大量套路，我们可以在认清套路后达到双赢的结果。真正高明的套路不是要坑对方多少，而是要与对方进行正面的、心与心的对等沟通。当你有了“你有自己的目标，但还能为我这么想，我愿尽己所能去帮助你”的想法时，你将成为真诚使用套路的赢家。

无论你想要如何去使用套路，都请给这个世界多一些真诚。

第三章

从社交中的套路说起

我们身边每个人都在寻找彼此投缘的朋友，并寻找约会的机会。社交成为我们生活的重要组成部分。移动互联网让社交变得简单，我们随时随地都可以认识全国乃至世界各地的朋友。

但是，很多人明明就只是想交个朋友，却不知不觉掉入社交的陷阱，或被欺骗感情，或被骗取财物，甚至留下“一朝被蛇咬，十年怕井绳”的阴影。

当局者迷，旁观者清。接下来，我们将通过案例从普通约会、PUA（全称 Pick-up Artist，搭讪艺术家）搭讪、微信交友、劝酒等几个方面来发现社交生活中可能潜藏的套路，从中感受并学习如何在大量社交场景中避免各种潜在的、不必要的损失与伤害。

案例一

小芳，我们去喝下午茶

我的初中和高中是在同一所中学上的，班里不少同学也是一直都在一个班里。初中的时候，班里有好几个男生都暗恋一个非常漂亮的女同学小丽。虽然她没有评上班花，但和班花小芳相差不远，气质过人，是看一眼就让人印象深刻的那种。

我的舍友星仔在初中毕业前的一个周末的烧烤活动中，向几位同学说出自己也喜欢小丽，但是喜欢她的人太多，估计自己没希望，所以希望考出好成绩，最好能进入学校高中部的重点班，到时候再向她表白。

那时候大家都太年轻，毕业班以学业为重，星仔随口说的话大家当玩笑就过去了，谁也没往心里去。

中考过后，我和小丽、小芳等几位同学进了同一个高中班，星仔和几个同学在另外一个班。

新学期快过半的一天，星仔找到我说，他要追小丽。都过去这么长时间了，以前暗恋小丽的同学基本都没了音讯，高中课程紧张，也没有听说小丽现在有新的暗恋者，我就问星仔准备怎么追小丽。星仔一脸不屑，说要我等着瞧，就算是班花只要他想追也可以追得上。

过了几天，一个周末的下午，星仔约我提前返校，然后把我叫去学校门外不远处的一家奶茶店。当我们走到店门口的时候，我看到店里赫然坐着前班花小芳。我愣了一下，在星仔耳旁悄悄地问：原来你要追的人不是小丽，是小芳啊！

星仔暗喜，悄悄贴近我的耳朵说："小芳和小丽在同一个班，关系非常好，我今天是找她来做参谋的，还没跟她说呢。如果可以的话，像你说的这样不是更好吗？"

我目瞪口呆，原来这家伙还藏着这个套路呢。

等我们三个人一起坐下来，我还想帮星仔从小芳口里打探出一些小丽的少女心思，结果星仔一直都只问小芳的学习和生活情况，完全不怎么聊小丽。星仔一味地跟小芳强调，这个事情千万不要让小丽知道，小芳也答应帮他保守秘密。

可是，从这之后，星仔便经常约小芳去做"参谋"，前面两三次都约上我，后来就再也没有约过我，而是单独约小芳出去。

后来，星仔成功了，他成功追到了前班花小芳，两人还考到了同一个城市的不同高校，大学毕业后就立即结婚了，他们的结合成了从中学到大学所有同学艳羡的美事。

【套路分析】

约会是一件非常美妙的事情，尤其是青年男女，情窦初开，想跟自己喜欢的异性朋友进一步发展友谊至情谊，就必须通过更频繁的约会相处来增加对方的好感，也增进对心仪对象的进一步了解。

现实生活中，人们因为个性与成长环境的不同而千差万别，自然与异性约会的方法也因人而异。有些人总能找到各种各样的机会和可以进一步试探与发展两人关系的办法，而对于另一些人来说，约会可能是“羞答答的玫瑰静悄悄地开”，羞于启齿，不知所措，从而错失很多机会。

三十六计中有一计叫作声东击西，即以假动作欺敌，掩护主力在第一时间击其要害。声言出东，其实击西。

方法虽是一个，但可变化无穷。

星仔初次追求小芳，没有勇气单独约会，于是叫上好朋友一同前往，这个是很多人都会不自觉选择的方法，一来可以增加自己面对异性的勇气，再者有“电灯泡”作为见证者，也会舒缓对方的压力。

星仔明明是想追求小芳，却借说喜欢跟小芳关系非常好的小丽，以此来寻找机会与小芳约会谈个人感情的事。真正约到小芳时，却不提小丽的事，只是一味地关心小芳的生活与学习情况，通过几次约会，星仔敞开心扉的沟通交流得到小芳的认可，从开而启了星仔真正的追求历程。

〖套路破解〗⊘

两个人的情感世界，成人之美之事，这样的套路怎么可以“破”呢?

当然，如果被约会的一方没有了解约会方并且被其打动，也就谈不上继续了，自然而然就“破”了。

网络情缘，怎能来得那么快

程序员苏某工作几年了，一直忙于工作，经常加班，所以也没有找过女朋友。好几次听同事说某某或某某的女朋友就是通过网络相识的，于是他也决定试试。

苏某先后通过微信摇一摇、漂流瓶、陌陌等方式“网络偶遇”女性网友，不过好几次一交谈，就被对方一通问话给问得不知道怎么回答，并且这些女网友普遍和他不在同一个城市，想要发展成异地恋也太辛苦了。

苏某有些失望，还真有些担心人生大事会因为工作给耽误了。有个已有男朋友的女同事看在眼里，经常拿找对象这事来调侃苏某，还给苏某出主意，教他用套路来找几个女孩子先见面了再说其他，苏某也觉得这主意不错。

一天，苏某通过摇一摇遇到一位相距不到 10 千米的同城妹子，立即添加好友发出问候：

“美女你好！”

“帅哥你好！”对方很客气地回复了。

“咱们离着好近啊，明天周末，美女有什么安排呢？”

“没有，我就一单身狗。”对方很快就回复了。

苏某觉得今天算是找到对的人了，于是参考女同事的意见继续往下约见。

“我也是一个单身狗。双休日我正准备去看今天才新上映的电影《××××》，听说很不错呢，要不一起去看个下午场的电影？”

“下午几点的啊？”

“下午三点半有一场呢。”然后苏某顺手发了一个电影院的排期截图给对方。

“你是买了最后一排吧？”

“还没买呢，你说最后一排我这就去买最后一排。”

“你是不是等电影看到一半的时候，就趁机牵我的手，如果我不反对，你就继续再尝试吻我的脸？然后说电影演的什么不重要，看完电影刚好可以到附近溜达，说赶在晚高峰就餐时间前陪我吃饭。慢慢吃完饭后，你会说周末的酒吧很热闹，然后带我去酒吧喝酒。在酒吧被你劝喝了一些酒，出来都夜黑风高了，你会说女孩子一个人回家不安全，又喝酒，遇到坏人怎么办？然后就带我去开房……如果没猜错的话，你就是这么想的吧？”

对方一股脑儿说出一大通套路十足的话出来，可把苏某吓坏了：“没有没有，我真的没那么多想法，就是想约你出来看个电影吃个饭，如果你瞧不上我就算了，哪还有机会去酒吧什么的啊？”

“你们男生约女孩不都是这个套路吗？动不动就是请女孩子看电影或吃饭，然后就是灌酒开房。”

“美女，你是不是被很多男人这样套路过？我真的是第一次单独约一个女孩子看电影，不要误会了……”苏某连忙解释。

可是，在很多人眼里，解释就是掩饰，掩饰就是事实。

接下来的周末，倍受打击的苏某又把时间奉献给了公司，无条件地、主动地申请配合项目加班。

不久后，苏某经那个女同事的介绍，参加了一次小型户外活动，认识了女同事的一个前同事，然后开始了恋爱。

【套路分析】

《纽约客》杂志于 1993 年 7 月 5 日刊登的一则由彼得•施泰纳（Peter Steiner）创作的标题为“*On the Internet, nobody knows you're a dog*”（在互联网上，没人知道你是一只狗）的漫画作品。这则漫画中有两只狗：一只狗坐在计算机前的一张椅子上，与坐在地板上的另一只狗对视。

在网络平台上，每个人都以 ID 的方式存在，给他人第一印象的就是

ID昵称、头像及相关个人情况简介。国内外早就有很多主人给自己家的宠物开通了社交账号。在微博、抖音等平台，不断有人发布宠物的照片和动态视频，吸引了不少宠物爱好者关注，这些宠物甚至成为“网红”。

网络社交应用成为社交的新武器时，以往需要面对面鼓起勇气才能进行的约会，现在通过文字、图片、视频就能实现，使压力瞬间减少。而且，在网络约会的沟通过程中，还可以有更多的时间用来进行单独思考或者请教他人。

有一首非常流行的网络歌曲《网络情缘》，非常直观地描述了网络恋爱的一些状态。我身边的同事、同学和朋友中，有不少人是通过网络产生异地恋爱关系然后走到一起的，他们现在都过得挺幸福。

通过网络进行约会与确定恋爱关系，本质上和网络销售没有太大的区别。

第一步，找到目标对象，产生第一次沟通。可能是通过自己的社交网络，例如朋友圈与微博来营销自己，可能是他人介绍，可能是各种“网络偶遇”，等等。

第二步，发现对方的需求。通过前期沟通，双方对彼此有了较为全面的了解，并逐步知晓对方的喜好和要求。

第三步，推送自己的产品。当然这里的产品就是自己本人了，双方的诉求变得简单明了。

第四步，经受对方的考验。除了双方的直接约会沟通，更多时候，双方都会通过其他途径去“求证”，为最终决策服务。

第五步，最终成交。

通过网络来进行约会，首要的任务就是找到心仪的对象，通过前期沟通找到双方的需求共同点与价值认同点，然后才有接下来的后续行动。

〖套路破解〗

人是具有多面性的，尤其是在社交平台上，每个人都在自己的社交空间呈现一个自己认为能够被公众认识并接受的那个我，而真实的我是什么样子的，只通过在社交平台上的蛛丝马迹来判断是很片面的。所以，我们在网络平台上跟他人发生联系时，往往呈现的都是“伟光正”（伟大光明正确，即积极正面善良）的一面。

要全方位了解一个人，约会是不可或缺的重要环节。如果双方合拍，一场电影可以聊到天荒地老；如果不合拍，一杯咖啡都是多余的。

所以，在约会之前，如果没有感知到对方的高价值（确认值得交往），没有感受到对方的价值观（以防“三观”不合），这样的约会就免了吧，不要浪费彼此的时间。

线上所有的约会，都要回归到线下面对面交流，与其深陷网络不能自拔，还不如早点找机会见面，这样也不会浪费彼此的时间与精力。

案例三

PUA“享妞军团”与泡学网“泡沫”的破裂

1. 变态的“享妞军团”

把如何追求女性当作一门学问来研究，这在国外已有了 30 多年，在国内则是近几年的事。

2018 年 5 月，一个名叫“享妞军团”的 PUA 组织被曝光，并引发国内主流舆论的集体关注。该组织不仅教授骗财骗色技巧，甚至还以“自杀鼓励”“宠物养成”“疯狂榨取”为卖点推出所谓的 PUA 课程，引导诱发诈骗等，在社会上造成了极为负面的影响。对于涉事 PUA 组织，腾讯公司声明将其的教学群和粉丝群永久封号。

在其官网及公众号被封之前，其网站 LOGO 上写着尽可能大的“诱惑”两个字，并且清晰地列出男女学员学习的不同内容。例如，教女学员如何让男孩只爱你一个、小三如何逆袭原配、如何跟男人要东西等。尽管主打业务看上去是“帮助学员解决情感问题”，内容包括形象改变、约会、实战等，但在实际教学中，相对于解决个人情感问题，该平台更多的是把性关系的实现作为检验学员是否成功的目标。并且其导师经常会在微信群、QQ 群中晒出自己和不同女性的聊天记录，甚至性爱视频，让大家帮其宣传。导师们还鼓励多名学员将自己成功的案例发在群里，进行广泛宣传。

其多个相关自媒体平台账号发布的系列文章看上去都是一些普通的搭讪技巧，但是其导师在视频教学中，却教授男学员如何骗取女性钱财，称之为“榨取”技术，并不断鼓励学员展示“榨取”的物品图片和视频，来证明“学费很值”。

“享妞军团”有一套课程名为“五步陷阱情感操控术”，有标价不同的私密课和私人定制课。所谓的私密课就是导师在群内发放群视频，根据课件内容按章节授课。私人定制课则是导师评估学员个人情况后，一对一进行视频上课。

几乎所有的课程的第一课都是以个人形象改造为主题，即对学员进行发型、着装、谈吐等方面的包装改造，让学员通过朋友圈、微博、社群等渠道宣传自己，将自己当成一个“产品”进行定位、包装。助教向学员发送的文件包，里面有数千张有关美食、宠物、豪车、全球旅行、红酒、晚宴等图片，让学员用这些图片发朋友圈炫富的同时，还要求学员在生活中也将姓名、职业、经历等信息全部重新虚构。例如，用欧阳等较少见的姓氏来取名，以调酒师、赛车手、乐队成员等身份让他人对自己产生兴趣。哪怕借钱吃饭，也要将自己包装成“高富帅”。

而在最后的几节课程里，“疯狂榨取”“宠物养成”“自杀鼓励”等赫然在目，甚至导师也公开向学员称其为“邪术”，那些课程已经突破了道德和法律的底线。

2. 泡学网的“泡沫”

2008 年，泡学网成为国内模仿国外的成熟的 PUA 行业的垂直社区。它当时的口号是海纳百川，无偿帮助男人获得爱情，支持所有高手去发表经验，因此泡学网内所发的内容，都是很真实的理论文和实战文。当时团队成员也没有如今这种商业意识，很少有人想到将它作为一门生意来经营。一直以来，泡学网都是国内规模最大、体系最为成熟的 PUA 平台，其公开数据显示，截止到 2018 年 5 月 22 日，它的会员超过 182 万人。

2018 年年中，因其“首席女性感情专家”曝出关于涉慰安妇的不当言论，泡学网被大众广泛质疑，该网站内容现已无法打开。

即便不发生这件事情，泡学网也会因其他原因让监管部门对其进行“重点关照”。如今的 PUA 已经被不少团队发展成为一个个借人们在谈情说爱时的弱点与缺点来征服对方进行骗财骗色的套路。

大量的 PUA 培训成员已经不再“相信爱情”，他们只是把“把妹”过程当成一项任务，看作一个可以提升自己“把妹”能力并可以在圈子内炫耀的经历。更为关键的是，他们在培训中鼓励“财色双收”，并要求及时甩脱被“榨干”的前对象，不断拓展新对象，这跟人们普遍追求的恋爱与结婚的观念是相悖的。

性与性别是人类交往中永恒的话题，情感咨询这类服务在 168 电话声讯发达的年代就已经遍地开花，在 BBS 论坛火热的年代也曾相当热门。但随着移动社交的蓬勃发展，这项服务反而变得越来越空白，同时情感咨询、心理医生咨询尚未成为大众普遍接受的服务项目，这恰恰也给 PUA 培训服务带来了商机。

PUA 培训中一个很重要的起点，就是给培训者在网络社交平台上赋予一个新的角色，然后按这个角色的设定去“勾搭”目标对象，在培训者自己的社交平台上呈现更多都是为了搞定目标对象而虚设的内容。一方面，这些 PUA 培训的方向是自我价值、内心的塑造；另一方面，却充分利用人性弱点做情感博弈，并最终利用“不需担责”的情感交流来跟目标对象达成某种交易或给其造成伤害。

【套路分析】

有句话叫作“自古真情留不住，唯有套路得人心”，事实证明，这句话不单纯是在调侃，很大限度上也是实情——就像做销售、写文章都有技巧有方法一样，与异性交往，从搭讪到让对方喜欢上自己，再到让对方对自己产生依赖，进而实现情感上的控制，也是有技巧有方法的。虽然掌握了这些技巧和方法未必成功，但成功的概率却比没技巧、没方法的高得多。

在人类的情感里，最怕的就是刻意为之的技巧与方法，或者说，最怕的就是套路。因为，如果一切都是设计好的，一切都是带有目的性的，并且最终目的还是不良的甚至是邪恶的，这套路最终不仅是伤害了某个人，更是对人类情感尤其是异性之间的美好情感的亵渎。不少人因不好的情感经历而不再相信爱情，更何况被所谓的“套路”坑害。

如何跟异性打招呼？如何快速建立关系？如何判断异性对你是否感兴趣？如何缩短从认识到交往的时间……在 PUA 教程中，每一个套路都被以教科书的方式在复制、推广、迭代升级。

而学员也各怀目的来学习 PUA，有的想提高沟通技能、解放自我，有的则是想获得用“套路”征服异性的刺激和快感。每个想学 PUA 的人都可以找到适合自己的课程，从几十元的盗版打包文件到几百元的尝鲜课程再到上万元的“情感教主”私享课等应有尽有。

对于 PUA 培训中的“情感教主”与讲授 PUA 课程内容的人，法律上很难对其进行有效的惩罚。即便从他们那里学到了所谓 PUA 技巧的人对他们身边的朋友造成了实质性的伤害，也非常难确定伤害与课程之间的必然联系，法律上的责任划定与追究就更难以界定了。但是这类课程对整个社会尤其是女性来说，是具有潜在危险的。

课程的宣传通常会规避极端与负面的内容，但是在实际的培训课程内容里往往夹杂着极具“破坏力”的情感攻陷套路，并且强化套路执行者用新的套路甩脱责任等。

参加 PUA 培训后，男性学员实施心理操纵之后大多会有强烈的负罪感，导致价值观混乱，严重者会出现抑郁症、精神分裂等。遭受 PUA 伤害的女性有的甚至会产生不同程度的创伤应激障碍。

〖套路破解〗⊘

PUA 原本指的是一群受过系统化学习、经过实践和不断自我完善的高情商的且了解“把妹”知识的男性，后来泛指很会吸引异性，让异性着迷的男女们。

PUA 文化的变迁让 PUA 的定义已从简单的搭讪扩展到整个两性交往过程，主要涉及搭讪（初识）、吸引（互动）、建立联系、关系升级，直到发生亲密接触并确定恋爱关系。这门学问相信，人活在世界上的终极目的只有两个：生存和繁衍。而实现后面这个目标的关键是异性吸引力。

本来是一个基于提高年轻人情商的行为，如今在国内却硬生生被培训机构做成了一个非常负面的事情，将 PUA 与诱奸、骗财、骗婚等词汇联系在一起。

这些机构是如何让 PUA 走向毁灭的呢？

“五步陷阱”是国内 PUA 培训中的重要内容，其本质是利用人的心理弱点的情感操控手段，让对方成为情感的奴隶，用情感来操控对方，最终目标除了情色还有钱财。

好奇陷阱：通过分析特定目标（想要搭讪的目标），然后伪装自己的身份，再通过制造好奇，结合话术，使目标对象产生好奇。

探索陷阱：通过进一步的伪装，向特定目标传递“我知道其实你一直在伪装自己”“全世界不懂你，但我懂你”“你真是一个让人心疼的傻孩子”等情绪，让目标对象对你的好感迅速增加。

着迷陷阱：通过不断地交流分析，向特定目标传递“我确实对你有好感，我喜欢你，我爱你”“我想和你在一起”“我一定不会让你失望”等情绪，激起对方的情感深度投入。

摧毁陷阱：当确认目标开始投入情感后，继而不断向目标传递“我没有做错，为什么要这样对我”“对不起，请相信我，再给我一次机会”等情绪，通过轻度摧毁—安抚—中度摧毁—安抚（停顿时间长一点）—深度摧毁（接近爆发点）—再次安抚，使目标坚持自己没有做错，而是被爱人误会，导致心理崩溃和心态失衡，从而拼命证明以求挽回。

感情操控陷阱：准确来说，这是进行情感操控、进行疯狂榨取的最关键阶段，让对方不惜代价付出一切，甚至不惜让对方感情崩溃，失去理性，愿意去死。

在所有的榨取达成目标后，则用各种甩尾术让对方主动甩掉你。

五步陷阱中，受害最多的是女性。跟普通的失恋不一样，很多女性受到这种 PUA 导致“人财两空”的心理伤害几乎不可逆，从此怀疑甚至拒绝异性，很长时间内都很难从这种情感受挫心理中走出来。

我认识的一个在北京打拼的山东女孩小靳，在 2016 年交到一个同样“北漂”的男友，后来被她发现他们的相处几乎就是按照 PUA 培训课件来实践的。小靳供养了男友半年，还贷款给对方买了车，结果后来发现他同时跟三四个女孩交往密切，在自动备份的网盘里发现了近百张与其他女孩聊天的截图和亲密照片。小靳经闺蜜介绍，去做了心理咨询，然后主动提出分手。小靳与男友分手后经常焦躁、失眠，直到2018年也没再听说年近30岁的她交往新的男友，朋友圈里几乎清一色都是与工作相关的内容。

这种基于情感控制的交往，因为“情侣”关系的存在，当时所有的举动都是受害方主动“承受”的付出行为，并且直到分手都可能是受害方主动提出的，所以受害方的维权变得极其艰难。

而今仍有大量的PUA培训项目在改头换面运作，还有更多的受害人被蒙在鼓里或者不敢站出来维权。尤其是涉世未深的大学生和刚进入社会不久的年轻人，面对PUA精心布局的套路陷阱毫无防备，即使被骗了还以为只不过是自己正常交往异性朋友的一场经历，只是自己比较倒霉多吃了亏而已。

两个人从初相识到彼此吸引，再到建立联系，产生互动，确立关系，然后发展成为彼此爱恋的亲密关系，这是人们感情自然成长的结果，也是身心全方位成长的重要组成部分。不管每个人持有怎样的价值观，是保守还是开放的，都要恪守人类的基本伦理底线，即在自然交往中秉承非欺骗、非胁迫、非工具化的理念，尊重对方的价值观。

而PUA则完全抛开这一切，从技术着手，从人性的弱点着力，多方位探索如何搭讪、吸引及控制他人的方法。PUA情感操控技术的最终目标，违背了人们“美好恋情”的初衷，目的是得到受害对象的财与色。在商业利益的驱动下，PUA被夸张、滥用的情况难以杜绝，需要通过对行业的监管和对需求人群提供专业的咨询，才能使PUA回归它适宜的地位，不再成为扭曲两性情感的技术和套路。

另外，国内一直都保持着较为传统的性教育方式，初中的生理卫生课程中少量的青春期性教育内容根本不足以帮助学生们正确认识和对待爱情与性，这会成为青春期的一种缺陷。这种缺陷可能会一直延续到谈婚论嫁的年龄。到了这个年龄，面临家庭与社会催婚的压力等，难免会让一些人对 PUA 这种纯技术性的培训产生需求。

就前人的经验来说，知根知底，门当户对（不特指经济条件，现代人更注重“三观”）是持久的婚姻进行下去的非常重要的条件。

如果你的交往对象的条件不如你，又向你大献殷勤，并且手段一套一套的，花言巧语一堆一堆的，你就基本可以把他排除掉了。

同时，你们未来的路还很长，尽量不要在恋爱阶段就将一切交予对方。

男女结合是关系人类延续发展的永恒旋律，自由恋爱是两个人的私事，是你情我愿的事情，所以我们不能首先就去质疑所有的带着各种目的交往的情感。但是，在恋爱中，我们可以不断地尝试对对方的某些重要行为进行求证确认，并且通过尽可能多的第三方进行求证，以防身心受到伤害。

当我们的情感世界被大量的“套路”包围，人性的弱点被置于施套者的放大镜之下，会不会因此而打开一个又一个潘多拉魔盒呢？这是值得人们担忧的。情感世界需要有维持情感平衡的方法，但不应该有太多带着私欲和目的性的套路。

我的女友，你永远都不会懂

1. 女友的爷爷“突然”病了

2017 年 10 月初，位于通州经济开发区的某企业负责人张某参加朋友聚会。出于好玩，大家通过微信摇一摇功能查看同时在摇的人，张某随意摇了几次，然后添加了 1600 多千米外的一个叫阿玲的女孩。

女孩很主动，开门见山打招呼，然后做了简单的自我介绍。聊了几天，张某逐渐对该女孩产生好感。某一天该女孩突然发微信过来，称她的奶奶打电话说爷爷生病了，她就买了车票回四川乡下的老家。但是到了成都后，她的钱包被人偷了，请求张某给她转几百元钱，因为她还要倒几趟车去 200 多千米外的家里，又晒出一张不知从哪里到成都的火车票照片，遮住了姓名、出发站点等信息。

张某二话没说，通过微信直接转了 500 元钱过去。

第二天，女孩又发来微信说爷爷在镇上的卫生院做了简单的检查，医生要她带爷爷到县医院里去做详细检查。下午检查出得了血管瘤，需要一大笔钱做手术。住院做手术要先交押金，奶奶把所有的积蓄都拿出来了，但还差 2000 多元钱。女孩说得很着急，时不时发一个哭泣的表情过去，张某信以为真，就转了 3000 元钱过去。

接下来连续几天，女孩又继续跟张某用微信“直播”其爷爷在医院治疗的进程，偶尔还发一张医院房间里的照片（带吊瓶的局部照片或者医院房间科室标志的照片），时不时又以交医药费等各种名头请求张某帮助，收到钱后不仅对张某感恩万分，还说等爷爷病好一点可以回家了，一定要来北京看张某。在两三个月的时间内，张某被该女孩以各种理由骗去了超过 25000 元钱。

2. 我的女友是个职业卖茶女

网上有这样的案例：2018 年 1 月 8 日，广东某地派出所接到报警人黄某报案，他称被人通过微信诈骗数千元。黄某于 2017 年 10 月上网时被一位名叫“郝某宁”的女子添加为好友，对方说要找男友，并自称从事网上销售茶叶的工作。

随后通过多次网络交流，该女子在接下来的两个月时间里，不断营造其自食其力、充满善心的形象，后来以外公家的茶叶滞销要求帮忙为由，向黄某推销高价茶叶。

受害人黄某先后通过微信向对方直接转账数千元，却一直没收到茶叶，直到微信号被对方拉黑，黄某才发现被骗，于是报案。

2018 年年初，广东警方开展专项行动打击“网络交友”类诈骗案，抓获犯罪嫌疑人 1310 名。

【套路分析】

先来看一家职业骗子公司的套路。

一家位于沿海某二线城市的小公司，在开展微信公众号服务的同时，竟然专门组建了一支团队从事网络社交诈骗，还通过其微信公众号文章以给网友免费介绍异性的方式，引导男性读者加其推荐的个人交友微信号。

不久后，陆续有网友受骗，该公司被举报并查处。

其“员工”培训的套路主要是：

招聘一群年轻女生，培训标准话术，然后给每个女生分配一堆男性的微信联系方式。

女生们添加完目标客户后，前27天只聊天，增进相互之间的感情，发展男女朋友关系，坚决不收红包，给她也不收。

在第28天的时候，女生说今天是自己的生日，想要个略表心意的生日红包。

一旦目标男性用户给该女生生日红包，即会被标记进入下一层用户漏斗，接着女生会要红包买美容品或按摩椅之类的物品。同时，她们会表示收你东西不好意思，也给你寄来一些茶叶、红酒、玉佩之类的，给你很珍惜这段感情的感觉。但这些东西百分之百都是不值钱的。

在被对方发现有问题的第一时间，立即拉黑对方。

QQ、微信及所有网络社交平台上的交友热潮滋生了大量以美女交友与“卖茶女”为主的诈骗手法，长期以来屡试不爽。

“卖茶女”的整个营销骗局一般为60天，每天都有具体步骤：15天闲聊，失恋5天，辞职回家乡20天，这期间“卖茶女”会做义工、学炒茶、照顾外公等。最后20天为骗局“爆点”，进行钱财骗取实质性的行动。

这种诈骗通过一系列理由让受害人慷慨解囊，购买昂贵茶叶或其他物品，直到被害人醒悟后被拉黑。在整个骗局的实施过程中，视频图文结合，使人信服，其实都是该团伙的模板套路。

一些“卖茶女”还给事主快递劣质茶叶或相关产品，改诈骗性质为商品问题，使受害人报案难度增加。

但是，非常神奇的是，大多数被如此套路的受害人不愿承认受骗，更不会选择报案。

有个营销公司曾经雇用30个茶妹“客服”机械地加QQ发信息，按业绩拿工资提成，创造了月入100多万元的销售额。该公司的基本操作套路就是这样的：

给每个茶妹“客服”分配数百个QQ号，同时分配数千个标签为30岁以上男性的QQ号，逐个添加（有专门的加目标为好友的服务机构）。

通过各种方式，如搭讪聊天调研对方平时喝什么茶，给所有聊天的好友进行分组，后分别跟进（通过漏斗原理，不断筛选精准目标用户，只要30岁以上男性用户足够多，就能卖出货。在所有回复信息的用户里，针对QQ、微信等网络社交平台上的用户卖货的概率比群发短信的方式的成交率高得多）。

针对目标客户的销售价格几乎都是看菜下饭，经过一番话术包装，茶叶可以卖出几倍甚至几十倍的价格，并且还有少量客户会主动重复购买。

不仅卖茶叶的套路是这样的，还有卖成人用品、假冒伪劣化妆品等各种商品都在用这样类似的套路：利用模特照片伪装成女性，通过设置虚拟定位或微信摇一摇，搜索“附近”的人，广撒网“钓鱼”；添加微信好友后，与目标对象保持联系；在信任并与当事人成为“男女朋友”后，虚构家庭悲惨情况，以生日、失恋、家属住院，或者推销劣质红酒、茶叶，或者推荐当事人通过虚假投资平台投资贵金属等方式骗取钱财。

“美女”请君入瓮三部曲总结如下。

第一步，普通搭讪。

经常会以“你不是××哥吗？”“我的通讯录里有你”“如果加错了，

那就删了吧”“很有缘分，不知怎么就加到你了”等话术开路。

第二步，话题引导。

接下来，会开展各种生活话题的互动。如果你向对方要照片，经常可以得到一两张其角色分配的照片，如果要视频，就会进行搪塞，找各种借口。

第三步，博同情骗信任。

随着互动的增加，获得目标客户的好感后，对方便逐渐通过朋友圈发出暗示性的情感话题。如果男方没看到或者没有主动提问，她们就会主动聊天“透露”她们的情感与生活。接下来，就是一堆堆的失恋话术、外公炒茶话术或者卖货养家等话术，目标直指红包或转账，直到目标客户被发觉后迅速拉黑受骗人。

〖套路破解〗⊘

所谓的“美女”（角色定位几乎清一色都是阳光、有爱心、靓丽、有小资品位、活泼、开朗、清纯的青春美女）背后大多是“抠脚大叔”一样的男性在精心策划，他们更懂得男性在交友方面的特征与微妙心理，“养熟即杀”是其套路的终极目标。

所以，在网络交友中，当“美女”开始这样说，你就要当心了：“心里很烦，可以跟你说说话吗？但我又不知道该怎么跟你说……”“是不是异地恋都没有结果，想问问你的看法……”“心里有事，总感觉想跟人倾诉，但不知道找谁，也许是因为我们是没有见过的朋友，不怕被笑话吧。总之，谢谢你的聆听，我现在脑子很乱……”

不要被“美女”的凄惨身世和创业精神感动，这跟在学校附近行乞的道理是一样的。你以为你善良，别人骗的就是你这样的人，你以为你做了好事，帮助了别人，别人收到钱却在心里骂你：“又一个傻瓜上钩了！”

案例五

一个同时“娶”N 个女人的男人

40 岁的安徽张女士离婚后，内心十分渴望新的婚姻生活。2017 年年初，张女士在微信上认识了一个年龄相仿的男网友。

这名男子的微信名是“谁来心疼我”。看到这样的昵称，她就认为这个男人应该和自己一样受过伤，她觉得找这种受过伤的人，可以给他温暖给他爱，他会爱护自己。

男子就在本地，两人不仅在线上互动，还在当地见了面并继续保持往来，甚至张女士还见了他的家人。

交往两三个月后，张女士提出了结婚，对方表示可以，但始终没有给出具体日期。

在这期间，男友买了一辆大货车，声称跑运输。车开回来后，男友向张女士借 2 万元钱用于周转。对此，张女士有所疑虑，但最终还是借给了对方。

但是，在把钱借给对方后，该男子因交通违法被治安拘留了。张女士到拘留所看望该男子，同时发现另有两位女士也来看望他，而这两位女士都声称是他的女朋友，该男子以同样的理由也向她们借了钱。

【套路分析】

该男子利用这些有过失败婚姻经历的女士对新的婚姻生活的憧憬，同时分别对多个对象设套，获得对象认可，然后获得经济上的资助却又不向“受害人”做出承诺及兑现承诺。

社交平台的私密性与便利性，让一般人无法察觉对方的其他行为，而只是沉浸于网络二人世界中。案例中的男子正是利用这种私密性同时应对多个不同的女子，建立所谓的亲密关系，并通过网络进而发展到线下亲密关系，获得对方的信任以骗取钱财，本质上与所有的网络骗局是一样的套路。

〖套路破解〗

网络社交平台众多，各种套路层出不穷。

网络交友有风险，谈情说爱更需谨慎。

如果想跟对方建立较为亲密的关系，一定要通过更多渠道的求证与验证，并尽可能少在网络上发生钱财交易，否则只会哑巴吃黄连，有苦说不出。

案例六

都是劝酒惹的祸

2015 年 7 月 18 日 22 时许，家住重庆大坪时代天街的王某约好朋友在大黄路吃烧烤，边吃边聊，不一会儿几瓶啤酒全都喝光了。两人喝着喝着觉得没意思，瞧见邻桌一熟人刘某。为助酒兴，王某便把刘某喊到一块儿继续喝酒。

席间，王某问刘某今天准备喝多少酒，刘某回道："我中午白酒喝多了，刚跟你也碰杯了，就不跟你喝了。"王某听了很不高兴，还是继续劝酒，可几番推摇酒杯后，刘某还是不跟他喝。王某恼了，便拿啤酒瓶敲桌子，刘某生气地回复道："大家在一起喝酒就是为了高兴，你拿酒瓶子在桌子上敲个啥子？"王某站起来说："我就敲了咋搞？"就这样两人闹翻了，王某还随手拿起酒瓶砸向刘某的头，随即两人扭打在一起。

大坪派出所民警闻讯赶到了现场，将两人制止，并叫来 120 救护车，把伤者送进了医院。

也是在重庆，3 名喝醉的年轻人倒在九龙坡区巴国城广场上，他们是来参加某公司招聘销售人员复试的，中午领导请吃饭，他们拼命喝酒争表现，后来都醉了。最后是警察过来把他们全都抬走了。

多年前，我的一位朋友去长沙某科技公司应聘业务经理，人力资源部门在其招聘广告上明确写着：酒量大的优先。人力资源部门负责人毫不避讳地解释，业务拓展中避免不了酒桌上的应酬，能喝酒就可以迅速拉近跟客户的距离。并且他们认为，一个称职的该职位应聘人员必须能够在短时间内喝下半斤至一斤白酒。

有一次我陪同几个外地来的男性朋友一起去北京东三环附近的一家酒店用晚餐，大堂经理向我们推荐用该酒店的女性劝酒员展示她们的倒酒技巧。在顾客就餐饮酒的过程中，这些训练有素的服务人员不断给宾客变着花样上酒，祝酒词一套一套的，让人乐不可支无法抗拒，结果当晚有一个朋友不胜酒力却难挡热情，呕吐一顿后被架回酒店。

2013 年 11 月 5 日有消息称，28 岁的东北女子张海燕在陪 3 名男子喝酒唱歌时，因醉酒摔倒休克身亡，家属索赔劝酒人赔偿 92 万余元。

2018 年 7 月，广西南宁某夜市一场消夜烧烤的酒局后不久，男子王某与朋友分开后在回家途中不慎猝死。失去独子的王某父母将四名同饮者告上法庭，一审判决四名同饮者分别担负 5%、3%、2%、2% 的责任，赔偿金额共计 12 万元。

【套路分析】

很多时候，有人会通过你是否服从劝酒者要你继续饮酒的指令，来观察你是否肯为了“场面”伤害自己身体。听着好像很变态，但这本质上就是一种权力的彰显方式，对方被逼喝酒的窘态，是权力持有者在酒桌上最佳的享受。

除了像知己会友与家人亲朋团聚，多数场合，中国式酒局上的劝酒几乎就是一场“臣服”与“来朝”的权力游戏。谁有求于人，谁想号令众生，谁不想买谁的账，谁想不给谁面子……用酒桌上的话说，就是“都在酒里了”。“感情深，一口闷”“感情厚，喝个够”“感情浅，舔一舔”，这些看似有趣的劝酒话，借道于酒，成为人们之间关系进一步加深的方式，很多人自然就借酒来捆绑自己（劝酒人）与被劝酒人的关系，以便在往后的交往中获得更多的情感加分。

为什么有的人非常清楚自己几斤几两，明知酒力不敌还要“舍命陪君子”？因为谁都知道，不主动劝酒或者劝酒不喝的后果。

古人喝酒度数低，劝酒讲究文雅随性，多为博得大家一乐。相比之下，现代人的劝酒则显得乏味，甚至有些强人所难，尤其是高度烈酒也动辄“干杯”，“我喝多少你就得喝多少”这样拼酒，“你认我这个兄弟就把这杯酒干了”这样强行捆绑个人情感与面子灌酒。

知乎上网友提问：中国的劝酒文化背后的逻辑是什么？问后有很多人回复，其中一位网友指出：劝酒文化有着非常明确的实际功能，即服从性测试和诚意测试。服从性测试是指劝酒者通过观察你是否服从他要你继续饮酒的指令，观察你能否为了“场面”伤害自己的身体来判断你对其的服从程度；诚意测试是指劝酒者时刻在观察被劝者是否能够放下心防和体面，向劝酒者及旁观者展现丑态。前者是掌权者自感权力并不稳固的时候，往往需要周围人反复以各种“确权”仪式让他确信自己权力在握；后者是被劝者利用醉酒的丑态作为抵押物，在人与人之间不能完全信任但又需建立某种合作关系时亮出的“撒手锏”。

凡是劝酒，大都有目的性，劝酒可以看成是对方想要达成目标的“套路”。既然知道是套路，那就需要先打好预防针，一是身体上能否接受劝酒这一套，二是对方的潜在需求能否给予满足，否则盛情难却的结果只会让自己难堪。

另外，开车不喝酒、喝酒不开车已成为社会共识，一些人借开车名头拒绝被劝酒，但依然会被另一些“诚意十足”的朋友以请代驾相驳，“拉不下情面”不得已而陪喝酒。

面对各种劝酒套路，被劝者更要保持头脑清醒，喝不了就应当实言相告，为了面子和人情搭上健康甚至造成醉驾犯罪，乃属得不偿失，不要到因为强迫劝酒酿成事故后才悔恨莫及。

要让聚会变得纯粹点，让生意回归生意场上；朋友聚会只要感情有，喝什么都是酒。

关于酒桌上的各种套路，可以写的东西太多。不论如何，如果把劝酒当作一个逼迫他人服从、以便达成自己目标的套路，让被劝酒人成为负担，也就没意思了。适当的情况下，我们需要多一些理性，学会感谢，也学会拒绝。

〖套路破解〗⊘

“一人我饮酒醉，醉把佳人成双对”，对酒当歌，人生几何？劝酒的套路中，最多的就是“心灵鸡汤”先行，美言美辞配上美酒，让被劝酒人难以抗拒。

有一个听起来有些辛酸的故事，有一位父亲为让女儿在工作上学会理性面对应酬，可谓费尽心血。其女儿小林大学毕业后应聘到某知名科技公司市场部工作，因为刚成立市场部，正在大力开发各地业务，所以业务上的应酬很多。

入职不到一周，领导说要带小林出门应酬客户，提前打招呼说可能要喝醉。于是，小林给父亲打电话告知情况，她对这种应酬多少还是有些抵触的。小林的爸爸在问清楚了具体情况和喝酒的对象后，说去喝吧，今晚多少都得喝，别怵。

然后，小林的爸爸就带着司机在小林吃饭的饭店楼下等，大约喝得差不多了，亲自到酒店饭桌上跟各位领导问好，然后说小林之前打电话说今晚在这边喝酒，刚好路过这边就来看看她，如果不胜酒力喝多了就接回家。

当晚，小林的爸爸把喝醉了的小林送到医院，洗胃又吊水，看到女儿难受呕吐的样子，小林的爸爸默默地掉眼泪。

第二天，小林的爸爸在饭桌上跟小林讨论了这次喝酒的经历，并教导说："上了这个酒桌，那么你就要做好准备，无论是洗胃还是吊水，都要有准备。上了酒桌如果扭扭捏捏推三推四，不用说，下次客户就不再和你喝了，不要说生意，朋友都很难做，因为你不爽快。让你喝醉一次，是让你知道喝醉难受，也是让你体会一下什么是社会。"

同时，小林的爸爸也给她指出了一些躲酒的妙计。

第一，找到酒桌上最有威望的人，主动敬酒。

上司请客的目标就是最重要的目标，其他都是陪衬，上司或老板找你去陪酒，可能只是陪好对方的陪衬，但你主动向最重要的目标敬酒，那才是上司想看到的。

酒桌上最怕有这两种人：一种是"千杯不醉"喝不倒的；一种是不能喝还一直喝的，这种人其实挺少。大家都有家庭，一般在公司做负责人的，不会让自己喝得太难看。你主动向目标敬酒，就掌握了主动权，在这个敬酒的过程中，除了聊聊合作的业务，希望以后多关照，还要有话先说，比如：×× 老总，我这两天身体不大好，但您在，我这酒一定要喝，但不能多喝，所以先敬您。这样，给足了对方面子，也是在告诉其他人，我今天这杯酒后，就不能多喝了。其他人来敬酒的时候，随意沾沾酒杯也可以对付过去。

第二，学会说酒桌上的客套话，学会聊天。

很多时候，老板带人去喝酒，一来是陪酒，二来是希望有个话题可聊。和客户尤其男客户在酒桌上聊天尽量不要聊化妆品娱乐圈什么的，这个年纪的领导一般都有家室，也尽量不要聊家里的爱人，除非对方主动聊起。最好就是跟他们聊子女，聊子女的教育、学校、成绩等。小的聊奶粉、兴趣班，大一点的聊上学与补课，再大一点的聊中学教学质量与口碑，如果上了大学就聊聊未来。当你的话题激起对方领导的兴趣，让对方津津乐道的时候，不识趣来打岔劝酒的人也就少了。

如果自己不是请客的发起人，则尽可能离最重要的目标嘉宾近一点，或者隔一个人的位置，和自己这边的人分别坐在嘉宾左右，好在自己上司不胜酒力时挺身而出，对嘉宾形成关照的同时也形成压力。

另外，去喝酒前，要和领导多沟通。如果请客的对象喜欢动手动脚或者揩油什么的，尽量不要和对方坐得太近；如果你的上司坚持满足客户这种需求不保护你，你自己又没做好心理准备接受这种行为时，可以考虑以身体不适为由拒绝参加，或者好好思考自己的新定位，考虑换个领导（换份工作）。

第三，少喝混酒，学会保护自己。

喝酒的基本常识大家都懂，排除身体与健康原因，喝酒最忌讳喝混酒，例如啤酒与红酒混着喝、药酒与红酒混着喝，味道不好，也极易醉。除了混着一起喝，也不宜喝完红酒喝啤酒，这也相当于喝混酒。

有些人喜欢灌女性朋友喝酒，女孩子在接触到这种情况时，一定要示弱，这样以示“公平”：对方拿大杯，自己就要拿小杯；对方喝一杯，自己最多喝半杯；对方喝白酒，自己喝红酒或啤酒……这样喝上几杯，对方酒量再好也会“杀敌八百自损一千”。

保护自己最重要的是，无论去哪里喝酒，一定要提前告知亲人或朋友，把酒店地址、包厢房间、大概的开始与结束时间等关键信息告诉他们，并且保证自己的手机有电随时可以接打电话。这是对参加酒局的人负责，更是对自己负责。

第四，学会喝酒，但任何时候都不要逞强。

很多人在喝酒后，风雅尽失，特别喜欢说一些激将的话：“你行不行啊？你酒量也太差了！”一些年轻人在酒桌上仗着身体底子好，来者不拒，劝酒话满场飞，别人对他说几句好听一点的话就咕噜咕噜喝起来了（全国各地的劝酒辞功劳大）。在酒桌上，该认㞞就认㞞，毕竟身体是自己的，来日方长。

希望更多的人能够不喝酒就把业务谈了，把钱赚了。

第四章

职业生涯中的别来无恙

在企业工作，是我们大多数人在这个社会生存立足的必要手段。

知名大企业对所有入职人员都有着严格的筛选流程，所有发展中的企业对各种人才极度渴求，应聘、招聘成为一个双向选择的通道，企业平台成为双方共赢的战场。

虽然绝大多数企业都会按照国家的相关法规去运营企业，但也总会有极少数人整天去琢磨一些见不得光的手段，招聘一些不明真相的人来从事非法勾当。

企业与员工是一对利益共同体，也是一对矛盾组合。接下来，我们从一些互联网公司的招人手法、知名企业的“福利”等几个方面来介绍，我们赖以生存的企业是如何通过各种套路来让我们服帖的。

互联网公司抢夺人才新玩法

随着大批互联网公司的出现，人才争夺日趋激烈，各个互联网公司尤其是创业公司，为了吸引优秀的人才加入，纷纷使出浑身解数。

我们来看一家网络科技公司对“内容编辑”这一职位的“企业福利”项内容的介绍：

有竞争力的薪资（实际能持平行业平均薪酬就已经不错了）

拥有富有朝气和创造力的团队（总感觉内容编辑会给人一种沉稳踏实而不是朝气蓬勃的感觉）

人性化的弹性工作时间（很可能是上班从不弹，下班经常弹一弹）

“五险一金”、节假日福利是标配（内容编辑周末不加班应该感谢所有人，尤其是自己）

靠你来创造的无限可能（这个可以有）

24小时不打烊，每天与书相伴（这个是暗示24小时随时可能有工作安排）

这些信息经常出现在各大公司的招聘信息中。还有一些公司所说的“全方位成长机会”，可能就是指入职后会有相当长一段时间的“打杂”期和试用期，成为外卖、快递超人。从本质上来说，“打杂”是一些人进入职场的必经之路，这确实是一份非常锻炼人的差事。不管如何，所有的这些经历都会潜移默化让你在职场上有所收获。

【套路分析】

在广州某大学举办的一场大学生招聘会上，一家互联网公司的招聘信息上写着有几百个岗位，其的招聘摊位前也围着很多学生。当应聘者将简历递给面试官时，却被告知“我们这个职位不招聘，是来打广告的，你对其他职位有兴趣的话可以留下简历”。

一些公司的产品目标市场就是大学生，所以去校园招聘会只是为了作秀，搞一些轰轰烈烈的宣讲会（变相的企业介绍与产品推介会），然后就没有下文了。企业没花几分钱就把广告打了，还不会落下假招聘的口实。

一些公司，一年四季不停地大举招人，出现在各种招聘会上，打着培训员工的幌子来宣传公司产品，然后对求职者各种洗脑，来达到卖产品的目的。这种类型公司应该是求职者遇到比较多的。

储备干部曾经是一个非常诱人的职位，无数公司打着这个名号吸引求职者，但其本质就是从最简单的打杂助理工作做起。从公司最没有人愿意做的岗位做起，虽然未必是坏事，但多少还是会让入职者产生心理落差。

一些公司利用高级职位、热门职位来吸引求职者，等到面试时会问你愿不愿意从别的岗位做起，通过试用期以后再回到这个岗位上来。至于何时回来，永远是个未知数，因为其职位可能根本就不缺人，只是新招个“备胎”而已。但作为一些公司的人力资源策略，这样做并没有错。

也有一些公司会在业务比较多的时候打着高薪（先过试用期）的旗号，利用长达 3 个月至半年的试用期，给入职者安排较低薪酬、强度颇大的工作，美其名曰对新人进行考验。等用完后大多数以没通过试用期为由踢出局，然后再招新人补上。

还有一些公司挺奇葩，如某个部门遇到了什么难题，内部没有什么好的办法来解决，于是就通过招聘的手法来免费寻求解决方案。操作手法是用超高的待遇来吸引求职者，然后在面试时抛出问题来让求职者去做解决方案，利用求职者跟求职者血拼解决方案的套路让求职者之间开展竞争，最终达到不用招人也找到了好的解决方案的目的。因为最终的招聘只通知应聘成功的员工，所以即使所有人都没选上也不会有人去追究是谁被录用了。

上海有一家翻译社就利用招聘的名义，在应聘人员的助力下完成了一本外语著作的全书翻译工作。由于招聘薪酬相当有诱惑力，在发出招聘要求后，曾有数百人投来了简历。其翻译社先后分批预约了近百人参加招聘面试，每次 10~20 人。每轮预约来的面试人员经过简单的面试沟通后，被要求当场按提供的外文内容进行翻译，并作为其工作能力的最重要考量。这个看上去是非常合理的要求，做一段翻译方见高低，无可厚非。可是，所有面试安排完毕后，据说最终并没有人被录用，而整本外文著作的翻译已经完成。

碰到这些公司都只能算是运气不好吗？其实也不一定，有些公司就惯用这些招聘手段欺负求职者与新员工，变相降低企业用工成本。

好在，企业在招聘时明目张胆地以职业装购买、入职培训等名义来收费的现象现在极少了。

一些公司招聘时提及所谓的“下午茶、零食福利”，一般是公司内有自动售货架，当然是需要个人买单。而吸引男生的“美女如云”，只能到现场去接触后自行判断了。

还有一些公司针对某职位给出的工资是3000元至上不封顶，基本就是告知3000元是起步薪资，至于哪个顶，确是事在人为。肯定没人会无缘无故给你月薪百万元的。

至于“处于行业龙头地位”“有非常大的发展空间”“万亿市场”等，对于中小企业尤其是小微企业来说，似乎说得有点玄乎，但任何企业都是从小做到大的，尽管国内公司的平均寿命短则2~3年，长则7~8年，但哪个老板创业不都是憧憬着行业的无限前景？谁又能说自己现在进入的这个公司在未来就一定是那些将会死去的90%呢？

只是再宏伟的企业目标，也要基于脚踏实地去做才能一步步实现。普通求职者一般都只能冲着职位描述的内容去做选择与准备，而不一定能以高大上的情怀去感受一个公司的宏伟愿景。所以，企业在招聘时发出的这些前景与目标等，往往容易被应聘者看成是吸引他们的套路。如果这些求职者有机会尝试自己创业时，这些他们当时看到的所谓招聘套路可能就不再是套路，而成为一种视野开阔的大格局、大情怀。

〖套路破解〗⊘

虽然招聘是在做双向选择，但在招聘过程中，求职者完全是弱势群体，套不套路基本是招聘方说了算，所以，有何破解可言?

有一个经常出现在招聘中的套路：你对加班怎么看?

面对人力资源抛出的这个招聘套路，你如何接?

最好的套路回复是用过去的经历讲（在前公司接到什么样的紧急重要项目时是如何安排加班的）；谈加班的成果（必要的加班帮助公司提升业绩也提升团队士气，避免不必要的加班并善于发现问题，如团队沟通问题、工作效率问题等）；炫耀自己的努力（在工作之外的时间是如何坚持寻找对工作有帮助的学习的）。

对于招聘套路而言，如果真要谈破解，最好的方式就是在现有的工作中快速提升自己的工作能力，学会系统地总结工作方法，然后主动公开汇报、输出经验成果，让自己成为某个领域善于积累技能、总结经验并输出价值的人。当个人成为价值输出的对象时，你将成为一颗光芒耀眼的星，在招聘中的选择主动权将会更大。

这个小公司天天、月月招新人

2018 年毕业季后不久，在成都某大学会计专业毕业的绵阳姑娘小吴决定留在成都找工作。

因为没有工作经验，也没有熟人介绍相关工作，所以小吴就尝试着给几个招聘“办公室助理”这一职位的公司投去了简历。

很快，她就收到一家互联网科技公司的面试邀请。到了公司之后，接待她的人很热情，带小吴参观公司漂亮的办公场所，展示公司各种高大上的企业愿景，然后又很惋惜地跟小吴说，他们招聘的应届生月工资不高，专科才 4000 元，本科也只有 4500 元（这个工资水平对于在中西部城市刚毕业的大学生来说不算低了），叫小吴不要嫌弃，要看好公司与行业的发展前景。

听上去非常不错，小吴说自己的专业不对口，很多东西还需要重新学习。

接待的人员接着大声说，自己也不是学这个专业的，公司里的绝大多数同事都不是学这个专业的，一点问题也没有，只要看好这个公司，觉得可以有机会大施拳脚，都可以留下来。公司有专门的老师对新员工进行一周的岗前培训，培训完就什么都会了。

听他这样说，小吴真心觉得这个公司非常不错，满心欢喜地答应下来。然后，接待的人员就把小吴拉到人力资源部门负责人那里，交代说小吴已经通过面试，即日办理入职，第二天就正式上班。

没想到第一份工作这么顺利，小吴想尽早进入工作岗位，还想着等发了第一笔工资要请几个好闺密吃顿大餐。

第二天一大早，小吴到公司报到，准备参加公司安排的岗前培训。同事介绍说如果培训完后考试不合格，就不能签正式的劳动合同，这几天的培训也没有工资；只要考试合格，就按带薪培训来算工资并正式签订劳动合同。

起初，小吴还以为是公司免费培训，哪知同事郑重地告诉她，岗前培训是由公司花了很多钱请来3名行业知名的老师负责的，员工个人要承担6800元的培训费用。小吴一听到还要培训费就蒙了，说自己刚毕业，这是第一份工作，没有钱来支付这笔培训费用，如果必须要出这个培训费才能上班的话，就只能另找工作了。

这时，接待的同事非常热情地宣告说，我们当初进公司也一样没有钱来支付培训费用，现在新入职的其他同事也不一定会有钱支付这个费用，但不用急，公司会帮大家联系一家分期付款的网贷公司，以后每个月只要拿出一两千元工资来还贷即可，不用半年就能还清。并且第一份工作，怎么也要待上一年半载的才好积累工作经验，说到底还是公司在承担这些培训费用。

听着同事眉飞色舞的介绍，小吴也觉得很有道理，昨天刚面试通过，并且培训完通过考核就可以立即签订劳动合同，她还是很想做这一份工作的。并且同事说考核很容易，就是个形式，只要参加完培训肯定都可以通过培训考核。于是小吴就在同事的怂恿下，稀里糊涂地跟一个网贷专员签了一份网贷合同。

一周后，培训考核，参加培训的12个人中，仅有8人通过考核，小吴顺利通过了考核。没有通过考核的人中，只有1个人是通过现金交了一半学费，其他几个都是办了网贷付学费的，他们被要求补交300元一天的复训及考试费用。通过考核的同事全都被安排从事网贷业务宣传工作。通过与新同事交流，小吴得知，基本工资4000元还被划分为无责任底薪2500元加上绩效考核1500元，如果一个月没有拉到两个以上的订单就只能拿到底薪。于是有6名同事选择放弃这份工作，但却背上了培训费的贷款。

同样，小吴虽然应聘的是助理工作，也同样被安排从事网贷业务的工作。当小吴真正开始工作时，同事明确告诉她，公司目前正在开展网贷业务，最好的推广方式就是以招聘的名义发展新员工开展培训，通过培训费来签约新贷款，这样很快就能完成工作任务。

小吴这才恍然大悟，原来自己中了网贷公司的套路。

【套路分析】

这是近两年招聘中不少应届毕业生遇到的“坑”，以招聘的名义，行不义之实。

这些公司在招聘时经常会筛选完全不搭边专业的应聘者，坚决不会录用法律、人文、社科类专业的毕业生及本地户籍与重点名校毕业生，因为那些毕业生的防范意识更强。

同时，大多更偏向于招聘女生。较低的门槛，非常容易让新人接受的岗位名称，加上被包装得高大上的互联网公司，吸引了很多人投简历，也可以找到更好的借口做专业培训并且对培训项目收取高额费用。

本质上要新招聘的员工都签上网贷协议才是他们招聘的初衷，所以他们会用尽各种办法说服入职者不用自己掏一分钱来参加培训，而是签约网贷，用贷款来交培训费，然后许诺所谓的高工资，每月仅抽出很少的一部分用来还贷，这样就降低了新入职人员的警惕心理，会觉得使用工资还贷是可以接受的方式，甚至还被说成是公司给新员工争取的福利。一般人在签协议的时候，因为涉及的金额不是非常大，出于对公司方面的信任，不会仔细审查合同，在工作人员的引导下便草率签了。

明明是招聘员工，怎么到最后签了一个有偿培训协议呢？这不是欺骗吗？不错！他们的目标就是你的钱，是你交的培训费用，至于培训完之后，你愿不愿意来上班，这个他们可不管了。如果你愿意来上班，他们便会跟你签一份所谓的试用期合同。

试用期内基本工资很低，就算通过试用期，公司方面也掏不了多少费用，毕竟试用期内也是有业绩考核的，是要拉来新人签约网贷才能算有业绩。

这种招聘套路着实十分恶劣，可是，如此明目张胆的行骗手段，却因为新员工参加培训到考核结束都未与公司签署劳动合同，双方不存在劳动关系，而培训又每天都会让本人签到，翔实记录，将培训协议、网贷协议履行得很好，没有争议，很难有专门的调查取证手段去获得关键信息。

据了解，小吴离开这家公司半年后，这家公司仍活跃在各家网络招聘平台，大肆招聘各种人员。

〖套路破解〗⊘

《劳动合同法》中有明文规定：

第九条　用人单位招用劳动者，不得扣押劳动者的居民身份证和其他证件，不得要求劳动者提供担保或者以其他名义向劳动者收取财物。

第八十四条　用人单位违反本法规定，扣押劳动者居民身份证等证件的，由劳动行政部门责令限期退还劳动者本人，并依照有关法律规定给予处罚。

用人单位违反本法规定，以担保或者其他名义向劳动者收取财物的，由劳动行政部门责令限期退还劳动者本人，并以每人五百元以上二千元以下的标准处以罚款；给劳动者造成损害的，应当承担赔偿责任。

劳动者依法解除或者终止劳动合同，用人单位扣押劳动者档案或者其他物品的，依照前款规定处罚。

这些不良企业招聘时，早就熟知劳动合同法等各种法律，但仍然会变着花样来让应聘者“入瓮”。

据说有公司常年以这种入职前培训的方式，向求职者收取相关费用，仅培训费每年就收入超过数百万元，着实可恶。

无论何时，请记住，不管任何公司以何种名义向办理入职的人员收取任何费用、签署任何涉及个人借贷的合同，均可视为不合法的行为，应聘人员应当拒绝支付费用并及时向劳动部门举报。

工作机会固然重要，但进入一个从招聘入职环节就明显违法的公司，不仅到头来得不到想要的工作，还会损失惨痛，这是完全可以避免的。

知名科技公司的加班“福利”

2017 年 6 月 12 日，微博认证用户谢开聪发出一条微博：

深圳有一家奇葩网络公司，5 点半下班，6 点半有公司班车，没有人逼你加班，但是为了能坐着一人一座的大巴回家，大家愿意主动加班一小时。

当6点半准备坐班车时，你就会想起另一条制度：8点钟有东来顺的工作餐，样多，管饱，有水果。想想坐班车回家还得自己做饭，那就再主动加班一小时，吃了工作餐再回家呗。

8点吃完工作餐准备回家，又想起公司另一条制度：10点钟以后打车报销。一天干了十几个小时，谁还有力气挤公交？那就主动再加班两小时呗。

这公司特人性，从不逼着员工加班。干到晚上10点，打车回家。也算是员工有情，公司有意吧？

这家公司叫腾讯。

微博一经发出，网络上吐槽无数。这条微博还得到了腾讯公司的官方回复。

例如，腾讯公司针对5点半的下班时间，回复说提倡弹性工作，绝大多数部门没有打卡上下班时间；针对6点半的班车，不止晚上6点半，早上6点到9点、晚上6点到10点都有很多班车，腾讯公司在深圳共有约370条班车线路，覆盖1000多个站点，每天接送13 000人次上下班；而针对加班的情况，属实，但业务也挺繁重；而另外的加班餐不止有东来顺，还有麦当劳、稻香、公司的咖啡馆等。腾讯公司声称这些都是企业的福利措施，旨在为员工提供更好的服务，这样员工才能更好地服务用户。

当然，网友还挖出了腾讯公司大量的让其他公司羡慕的员工福利。

作为一家技术型互联网公司，加班应该说是行业通病。互联网产品日新月异，产品更新快，为了保持领先优势，很多项目执行下不得不夜以继日争分夺秒。腾讯公司也不回避加班的问题，多次明确表达不支持加班的态度，反对无效加班的不良现象，也有部门发起不加班日，规定每周三下午6点准时下班。

在互联网行业竞争激烈的背景下，如何更好地服务员工，如何寻找更好的发展模式，众多企业也一直都在探索。

【套路分析】

受雇于企业，每个人都需要拿出干一行爱一行的决心来为企业创造效益，企业也会为每一位员工的付出给予回报，以构成企业与员工双赢的利益共同体。

大多数时候，企业员工在工作中分担企业责任的同时，也要做出更出色的项目成果以便获得更好的升迁机会或回报，因此需要投入更多时间和精力，否则就只能混吃等死。

同样，企业在发展过程中，受各种条件制约，无法随时做到在人力资源、财务、管理制度等方面为所有在进行中的项目提供全方位服务，所以对员工提出更高的要求，需要员工投入更多的时间与精力来完成工作。

面对瞬息万变的新技术发展，想要在竞争中保持优势，就需要员工与企业一起协同作战。为了激励员工的创造力并不断培养新生力量，很多企业无不使尽浑身解数，激励员工自动自发加入企业的各个项目中。

网络上流传着一个有趣的故事：某程序员戴着帽子去一家公司应聘，招聘官以貌取人，以为来面试的人是一个新人，对其简历上介绍的所参与的项目有些质疑，其间该程序员无意摘下帽子，露出已经开始秃得明显的头，结果面试官立马拍板录用。真有点让人哭笑不得。

多年来我一直从事互联网营销领域的工作，接触过不少同行，多数从事互联网行业的朋友表示，互联网公司加班是常态，有些公司甚至实行“996 工作制”，即早 9 点到晚 9 点，一周上 6 天班，且无加班补贴。

58同城就曾因“996”的工作制被推上风口浪尖，其员工在CEO的直播节目中集中表达不满。而知名的京东、360、阿里巴巴、优酷土豆、新浪等公司在滴滴公布的出行大数据报告中，均是被点名为工作时间更长的公司，每个工作日工作时间平均超过10小时。2019年年初，京东被曝出现离职潮，起因之一就是超长的工作时间。

而对于一些小型创业公司，加班就更加常见了，有的员工甚至吃住都在公司，遇到项目时间紧的时候，很多技术开发人员都通宵达旦干活，周末也不休息。当然，也基本上没有人会提加班费这茬事。“码农”的生活就是公司与家两点一线，所以其中单身汉也超多。

〖套路破解〗

行业竞争激烈，直接导致的就是人才争夺战的越加激烈，谁能吸引并留住更多的优秀人才，谁就可能继续引领行业发展方向。

所以，这些公司都会拼命在员工福利上做文章，以期吸引并留住大量的优秀人才。有的公司为员工提供购房免息贷款、免费食堂、带薪年假等福利，甚至还为员工提供“帮你养娃”服务，以此吸引更多人才的到来，而员工也因为公司的福利而“心甘情愿”地加班。

每个人都会对自己所处的行业、企业、工作岗位及个人家庭情况等有着独一无二的感知，因此如何破解企业的套路，只能交由每一个人自己去决策。

某公司的劳动合同变更

张某去年进入一家在广州较为知名的中等规模集团公司工作，任市场总监职务，签署的劳动合同中明确约定月薪为税前 2 万元。

进入公司半年后，由于外地招商引资政策及融资等合作项目需要，公司新注册了一个佛山公司，注册完成后，全员被要求重新跟新公司签署劳动合同，并与原公司签署解除劳动合同的协议。

一些公司在特定的发展阶段，可能在不同的地方可以享受到不同的税收优惠或补助政策，因此公司进行工商变更或整体策略变更，这是正常的企业行为。

公司运转一直非常顺利，并且还在去年年底获得一笔非常可观的第三轮融资。只是，令人意外的是，借助重新签订合同的契机，公司方面先后找各个部门负责人谈话，要求他们做好安抚工作，与公司并肩作战，接受公司的考验。然后公司方面发出全员通知，要求全员与公司签署一份劳动合同补充协议，协议的内容就是关于工资变更的。新的工资标准按公司提出的异地标准执行。

以前公司在招聘时，对于一些相似级别岗位的工资标准都是因人而异的。而现在统一按公司制订的异地新标准执行（据说是公司的策略部门认为公司原来定位为互联网公司，所以员工都是以互联网公司的标准来招的，而现在公司重新定位为服务行业公司，因此要执行服务行业的薪酬标准），直到签字的时候，张某才知道自己所处的总监职务的基本工资从每月 2 万元直接降为每月 6000 元，而另外的所谓补助也寥寥无几，一时有些难以接受。

张某与爱人一起背负着房贷，还想等着条件改善了就要个小孩。于是，一个月后，张某选择了辞职另谋去处，前后离开的还有公司几位高管和中层管理人员。

【套路分析】

在一线城市，人力资源成本肯定是很高的，因此企业的各方面压力普遍都很大。

上面这个企业在用一线城市的薪酬标准招聘到了符合公司需求的人才，但却在人员队伍稳定后，采取所谓的重签合同、新签补充协议、执行新公司工资标准的策略，伤害了广大员工的利益。

曾经有一句很流行的话：21 世纪最重要的是什么？是人才！

企业与员工是发展的共同体，案例三介绍到的企业在为员工谋福利，以期能够留下最优秀的人才，案例四里的企业却有点背道而驰。

不管公司如何定位，企业在发展中都有两个重要的工作要做：开源与节流。这个企业把很重要的精力都放在了“节流”压缩人力资源成本上，并且压缩力度不是一般的大，这势必会带来恶性循环，优秀的人才留不住，觉得自己就值这么多钱或者没有多少能力去找新工作的人及少量的所谓“忠诚”之士会选择继续留下来，但仍然避免不了在合适的时机会跳槽的可能。由于是降薪而不是加薪，员工的奋斗意愿会受到很大的影响。

〖套路破解〗⊘

劳动合同可以任意更改，这是企业管理本身出了问题。如果在这种情况下员工选择继续与企业并肩作战，就要去深入理解企业发展过程中的难题，不要再有任何纠结，给自己设定目标与时限，在一定的时限内更多地创造业绩，用业绩来赢回劳动价值与尊严，推动企业“绝地求生”式发展。

案例五

网络打字员的高薪兼职诱惑

在各类分类信息网站、非主流招聘网站及社交平台尤其是 QQ 群、QQ 空间等地方，经常可以看到大量的垃圾信息刷屏，其中不乏大量的招聘信息。

招聘什么呢？招聘兼职打字员。条件可诱人了：招聘兼职打字员，免入会费、不要押金，打一千字 30 元，主要是打一些无法复制的网络收费小说、报社周刊等，要求错别字少，时间自由，按劳付酬，然后留下 QQ 或微信等联系方式。

例如，各种 QQ 群不时收到这种招聘信息：招聘 ×× 快递填单员，多项工作可同时做；工作简单，照着图片打字就可以；工作时间自由，手机电脑都可工作；工资日结，日赚 80~100 元，月赚 2500~3000 元。想做加 QQ 群：×××× 进群，无限做单（正规工作不收押金，只招聘 100 名），替朋友转发的，不要问我，想做自己加 QQ 群，新人加入工作奖励 5 元。

为了摸清这些兼职招聘骗子的伎俩，我特意按提供的 QQ 号添加对方为好友。

对方挺客气的，跟我解释说工作内容是把正规网站里的订阅小说（无法直接复制粘贴的）重新打出来，简单来说就是盗版原小说，按劳计酬，工资可以日结。同时要求正确率达到 90% 以上，每千字不能超出 10 个错字，超出每个字扣 2 分钱（天啊，允许 1% 的错误，这书还能读吗？）

本以为交代完这些就可以开始接受任务准备开工了，没想要对方提出要求，并发来一张他们招聘信息的截图，要求我先去热门微博里带图评论 18 条微博，并截图给他看（这就是热门微博里有那么多诈骗信息的图片的原因），审核通过后才能安排任务。

因为我从不用所谓的微博小号，个人微博肯定不适合去发这些信息，于是就说从来不玩微博，不料对方也无所谓，说不发微博也可以，看我很想做这份工作，就要我下载一个 QT 语音，按他提供的房间号加入其中。并且在提供 QT 房间号给我时，下面还特别备注 QT 上单独加我好友的都是骗子，QT 上单独找我私聊的都是骗子，叫我不要理会那些单独沟通的人，以防上当（究竟谁才是骗子？骗子也可谓用心良苦了）。

进入 QT 语音房间，里面的主持人要我确认是否能听到他的语音，然后不断提醒我，不要点击私聊链接，以防受骗（嗯，在他们的话语里，全世界都是骗子，就他们不是）。还特别配有图片提示，上面有骗子对话的截图示例。

在 QT 语音房间里，管理员设置了成员发送文字的权限，一次只能发送一个字（以防有受骗用户回来捣乱）。

管理员同时要求我将推荐人的推荐信息发送给他，确认后发给我一个外部链接，即入会申请表。

然后有另外的人将我拉进另一个 QT 房间，进入房间后对方要求我加他的 QQ 号（猜测骗子为了识别目标用户，将不同“入职”进度中的用户拉入不同的 QT 房间好进一步针对性下套）。对方通过加友申请后，立刻发来一系列兼职要求，共有 10 多种不同的兼职内容，涵盖打字、游戏评测、淘宝刷单、开淘宝店、投票、影评等。一个蛮有诱惑力的项目叫英雄联盟游戏代玩，玩一场 10~500 元不等（超具诱惑力）。

对方要求我选择能做的项目。我选择了打字和投票这两个最简单的项目。选好后，对方开始进一步向我分解兼职的详细工作内容。接着，利用“入职激活序列号”这个名头，要求我激活账号，就可以立即收到任务了。原本要交 398 元的激活费，因为我有推荐人，所以只需要交纳 98 元，对方还特意解释为何只收 98 元，理由相当具有说服力。

同时，对方还提供多种交费级别的入职方式，大意是入会时交纳的费用越多，获得的特权（如自由挑选喜欢做的内容）和获得的回报（如打字员，每打千字比别人多收 5 元）就越多。

而对方接受支付的方式也是全副武装上阵，QQ 红包、微信支付、支付宝及银行卡转账应有尽有。

我先向对方支付了 98 元，然后对方立刻主动跟我联系，说还需要另外支付信息费 199 元，并暗示如果能够给他一点好处费，还可以优先挑选最容易操作的任务给我。

我说先做几天，等赚到钱了再找他帮我挑一些更简单的活儿。对方发过来好几张其他网友付款的截图（微商特别喜欢的对话图片生成器在这里被他们用得溜溜转），说其他人都是支付了信息费的，并且付完就得到了具体的工作任务指派，不付就不能指派任务。

因为只是测试一下其行骗的套路，所以我没再答应付款。我说我没钱交，不做他们的兼职工作了，要求对方把钱退给我（怎么可能退呢），对方继续不断地说服我只需要再交 199 元就可以领任务做任务拿钱。再次说服无效的时候，对方索性就把我拉黑了，同时我也被他们踢出了 QT 房间。

【套路分析】

2018 年 12 月，有地方电视媒体公开报道，一些城市的青年被微信转发广告实施传销式的诈骗。

首先，管理员拉来一些陌生人组建微信群，对其成员分派任务，每天按要求分享广告到朋友圈，然后截图发到群里公示，就可以领取20元“工资”。紧接着，管理员要求所有成员交纳 200 元的入群管理费，只有交纳管理费的成员才有资格领任务并每天按时收到任务与“工资”，没有交纳的全被踢出群。

同时，管理员要求所有成员必须同时发展一定数量的下线新成员，每发展一位付费 200 元或以上额度进群新成员当即兑现奖励 50 元。交纳 200 元管理费的，每天在朋友圈发布广告后收到工资是 20 元；升级交纳 400 元的，每天工资是 40 元；交纳 800 元的，每天工资则是 80 元。不少人被亲朋好友吸引进群后，第二天就匆匆追加更高额度，以求拿到更多收益。据了解，这样的一个微信群两三天就迅速吸引了 200 多个人，数量相当可观。

在迅速吸引到相当数量的成员交纳“管理费”之后，管理员看准时机，在最后一批成员进来第二天就不准时发工资，并在深夜将群解散，被吸引进来的人，人均被骗超过 200 元，其中最后一批进入的用户被骗得最惨，几乎就是交完钱就被踢出群。

相比前面那个 QQ 兼职案例中的被骗，这类微信诈骗来得更凶猛。

在 QQ 兼职行骗的过程中，骗子首先利用了“在家有网络即可做的兼职打字员”这个看似毫无技术含量的工作，用许诺的高收入（一千字 30 元，一万字就是 300 元，一天对着已有内容用键盘敲一两万字可真是非常轻松的活儿了）及“当日结算”来吸引无业青年和在家带孩子的妈妈群体。

看上去“正规”的招聘流程，说不定转来转去就只是一个人在操作骗局。超低的兼职门槛，结合看起来很少的“入职费”，只是请君入瓮的第一步，只要骗到你为这份“兼职”掏了第一笔钱，他们就会继续肆无忌惮地要求你再交纳更多的费用，一笔接一笔，一个套接着一个套，直到你不再交钱并将你拉黑为止。

〖套路破解〗⊘

试想一下，在信息爆炸的时代，每天移动互联网上有着海量信息，哪还有那么多“抄书打字”的活儿呢？

再说，如果原创小说网站不允许复制粘贴，还要去做这种侵权违法的事情，不想一下可能的风险吗？微信公众号也早已开始全面保障原创作者权益，未经许可转载和抄袭别人的作品都会受到惩罚。而各大视频、音乐、文学等网站早已经对版权这件事情铭记于心，一旦出现侵权行为，相关方必定会受到相当严厉的经济或刑事惩罚。

几乎可以明确的一点就是，而今仍然还在网络上大肆招聘兼职打字员这样的信息，100% 都是骗子行为。

所以，请相信楼下超市的促销员兼职信息，而不要相信网络上的各种轻松兼职信息。

应聘跑个外卖也有这么多套路

点外卖不仅在城市已经成为众多年轻人的一种生活方式，如今连中西部乡镇也都开启各种外卖模式。业内人士预估，2019 年外卖市场交易总额可能会超出 5000 亿元，且外卖大军的队伍仍然在继续扩大。

然而，外卖骑士这个看上去就职门槛要求较低的工作，也存在各种套路。

一个朋友的亲戚郑某在中部某地级市应聘做某外卖平台的送餐骑士，通过外卖平台当地分公司人事部入职。在人事部门负责人介绍完工作内容和要求后，郑某被要求自行配置好电动车。极少会有人先备好电动车再去应聘工作。郑某理所当然地被人事部门负责人推荐要求用其平台指定的专用电动车，以及已配套做好该外卖平台标识 logo 的外卖箱，而且还能分期付款。

郑某迫不及待地跟着负责的同事去了一个较偏远的电动车销售店，看到的是一个杂牌电动车代理店，但负责的同事说这车耐跑，其平台的同事都用这种电动车。

这款电动车售价 3650 元，如果上班前没有足够的钱全款买一辆电动车也有办法解决，只需要首付 650 元，3000 元用网贷分期每月还款 300 元本金加 30 元利息，即每个月还款 330 元即可。

10 个月要多掏 600 多元，对一些人来说还是挺不划算的。于是，工作人员告诉郑某，选择 3 期分期就可以免息，但要额外支付 100 元手续费。这个分期看上去划算多了，不少人都选择了 3 期。

然而，事实上是，这个电动车大多数人买了就后悔，质量非常没有保障。郑某用了 3 天之后电动车就坏在半路上了，结果还要跑上十几千米去唯一的服务点维修。说电池是某知名品牌的，看上去却更像是贴牌的，号称续航 150 千米，真实结果是最多能跑 50 千米，差不多每天跑 15 单左右就歇菜了，随时要找地方充电。

据其性能来判断，这款电动车的市场价大概在 2000 多元，卖 3000 多元肯定没人要。也就是说，所有入职的外卖骑士如果都用他们平台推荐的这款电动车，仅从电动车上就要赚取每个新员工不低于 1000 元的差价。

在购买该电动车的第二天，郑某被通知可以开始报到参加某个指定外卖点的即时培训，之后就可以接单了。

【套路分析】

在本书的开篇，我们已经了解到套路贷。为了让他人背上贷款，商家手段百出。

由于电动车成为外卖骑手的标配，就像快递哥的三轮电动车成为他们的标配一样，要想从事这个职业，就必须先为自己投入成本配置一辆相应的电动车，然后工作后获得相应的回报。

为新入职的员工提供便利本无可厚非，但“指定”采购的电动车、电动车的实际配置与运营结果不一致（说能跑 150 千米但实际只能跑 50 千米左右），还在价格上做文章赚取新入职员工的钱，这在某种程度上来说，是不道德的。

〖套路破解〗

通过调查了解，该外卖平台对新入职员工使用何种交通工具是没有强行指定要求的，都由入职员工自行确定，但是电动车是该职业从业的最高效工具，并且用人单位一般都会为入职员工购买相应的交通意外保险。

外卖平台基本都不会与骑手签订劳动合同并为他们购买五险一金，有点类似于网约车平台的私家车主自愿与约车平台签署一份合作协议，然后在其平台获得接单资格。所以，外卖平台无权管外卖骑手用什么车，只能建议或要求用什么标准级别的车，他们的核心要求就是接单后准时取餐准时送餐，不要被客户投诉。

所以，如果你身边有朋友想从事外卖骑手工作，请提醒他尽量选择自己认可的方式去购置送外卖的交通工具，避免买到价高质次的工具。

第五章

买点好东西怎么那么难

人类的交易行为每天都在进行。人们一旦想要获得某些物质时，经常会表现得非常迫切，于是会通过各种途径释放出需求信息。

与此同时，商家也在释放各类商品供应与销售信息。商家敏锐地捕捉到商品或服务所面对的人群特征，赋予其标签化，然后对标签进行升级：更快、更好、更有品质、更有品位、更有特色、更有档次……当商家的商品标签获得用户认可，你想要的正好有商家提供，那么，相应的交易行为发生的概率就会大增。

对于从流水线上复制批量生产的产品，我们所能得到的商品的品质基本不存在差异。例如，去超市购买的所有非生鲜类标准化商品，除了保质期与批次的差异，其他性能基本一致。对于相对个性化的商品，差异较大，在存在信息不对称并且商家掌握主导权的情况下，商家一旦激活用户群体的次生需求（在《答案营销》一书中，次生需求是指产品核心功能之外的所有个性化诉求），用户就很容易走进商家设定的套路。

用户常常在即将获得心仪的商品时被商品的某个非核心功能卖点一叶障目，然后想当然地相信自己看到的场景就是自己内心更接近个性需求的要素，以为剧情会按自己所想的发生。然而，事实是不是这样呢？

下面，我们将通过房产租售、电视购物等几个生活中的案例来剖析人们日常生活中遭遇的套路，给出识别套路并妥善应对的策略。

案例一

优先就能选好房吗

在前几年全民买房、楼市极度火爆的情况下，似乎只要开发商一套路，购房人就会毫不犹豫地买买买。尽管在各种房地产政策调控管制下，以往的很多套路略显多余，但购房人依然只能在开发商的套路里不断入瓮。

香港的“卖楼花”（即卖期房）被引入内地后，收效颇好。一般情况下，首先，置业顾问在做客户邀约的时候，“预付订金”或交认筹款、支付“诚意金”成为众多房产销售获得准客户的不二法门。置业顾问不断地提醒客户交钱早、拍号靠前，选房有优势。

接着，距约定的开盘时间越来越近，这时候想买房者去售楼部了解选房的细节，置业顾问基本都开始按套路出牌了：全款的优先选择，其次是首付超过 30% 的，最后是最低首付分期的。同时不断说交全款的好处。

这期间，如果你一直问他们楼盘房型的具体价格，他们一般都会说在开盘前几天公布。到了开盘前几天，置业顾问又会说在开盘时公布。等到开盘时公布，购房人根本就没有时间进行比较选择，基本上只能任由置业顾问推荐了。

一开盘就先把好户型全卖给这些优先认筹的客户，怎么可能呢？

最先推荐的普遍都是愁卖的户型。很多人自以为真能按置业顾问的说辞优先选房，其实每个置业顾问手上只分配了几套组合的户型，购房人只能从置业顾问手中的几套中去选，从而可能无法真正优先挑选到中意户型。

你别不信。等到正式选房，置业顾问多的是套路伺候：明明整栋大楼都建好了，偏偏说只有几套房可以正式开卖；明明有你看好的房源，却说你喜欢的户型被他人预定了，然后他会给出几个其他位置的户型，说这些位置敲定的可能性大一些。这些推荐大多是不那么好卖的楼层和户型，而稍好一点的户型，你一旦看上但犹豫下不下定金时，一会儿可能就会被其他同事故意标注房源锁定（说辞是有其他客户先定下来，背后可能仍然是房地产公司自己锁定，逼你选择其他户型，或者逼你全款现付快速成交）。

这时候，一些购房人会想，那么多人在同时购买，万一有人看好了又退房，自己可以捡个漏。有这种心理的人，只能说，你太小瞧开发商了。这可不像菜市场里拣白菜，看到别人挑到好的，结果没买，于是自己去买过来。卖房是一对一的服务，所有的房源都在开发商的手里，他什么时候该拿出什么样的楼层与户型来销售，完全是单方面说了算。

其实，经常在选房活动还没有正式开始的时候，大部分优质房源就已经被“锁定”了。都是被交钱的人锁定了？当然不是。相对于房产开发商，购房人肯定是弱势群体，所有选房规则都由开发商制订，购房人只能按开发商的游戏规则来挑选。

即使购房人最后不买，他所交的认筹款也被开发商白用了一个月。

虽然也不是所有开发商都这样，但也差不多，类似的套路大家都在用，只是你感觉不到罢了。毕竟一般人一辈子也买不了几次房，真正的自主选择机会也就谈不上很多了。

【套路分析】

房地产业成为国民经济的支柱产业已经很久了，自然有关房地产的新闻也是大家最为喜闻乐见的话题之一。近几年，全国性的房价涨幅惊人，更是吸引无数机构与个人投资者重金砸入，进而导致各地“房住不炒”的相关政策不断涌现。

自从有了房地产行业，楼盘销售的各种套路就层出不穷。作为一生中少有的一两次购房，普通购房人更多的只能是被动选择。好不容易发现一个中意的新楼盘，准备去咨询或交订金的时候，可能一时傻傻分不清“定金”与“订金”的差别就被“交 2 万抵 4 万”迷惑了，在反复衡量后想要改变主意却又面临损失。

这里需要特别注意“定金”与“订金”的差别：

“定金”在《合同法》上作为债权的担保，它的基本法律性质是违约定金，并具有担保合同履行的性质。“定金”的作用有两种：一是当购房人和房地产公司的合同正常履行时，定金充作价款或由购房人收回。二是合同不能正常履行时，定金则将被作为罚金。即如果购房人违约，那么他将面对无权收回这笔钱（或者只能部分收回）的困境；相反，如果是房地产公司违约，则应该按合同约定（双倍）返还这笔钱。

与“定金”一字之差的“订金”在法律上则并没有严格的界定，从文字的理解上来说，“订”的含义是订立、预订之意。按照相关规定，如果购房人跟房产公司签订的是“订金”协议，购房人最后不想在这里购买房屋了，之前所预付的钱应该无条件退还给购房人。

由此产生的纠纷，在各类新闻报道中很常见，请大家务必重视。很多房地产公司在楼盘开盘前打出诱人的广告如“付3万抵5万”“付5万抵8万”吸引购房人交钱，且一般都会开出“定金”合同，如果你反悔不想在他们这里购买了，那你的定金也很难要回来了。

购房人一旦上“套”，进一步选房的时候，还将面临各种莫名其妙的套路。一句话：被动选择的销售行情里，普通人想拿下一套自己中意的房源真心不易。

哪怕是客户第一次来售楼处登记，沙盘上面也插满了“售罄”的小旗，置业顾问会告诉购房人已经有大量的用户比他更早地登记并看上那些房了（实际上那些小旗每天都可能在不同位置摆放），优质房源不多了，赶紧预定吧。

房产销售是一个不断逼单的过程。为了说服购房人第一时间获得优选优质房源的机会，置业顾问催促购房人第一时间交纳一部分钱来作为“认筹”或购房定金是通行法则。

开发商开盘时一般是如何营造出所谓“日光”假象的呢?

大家可以注意一下，首先开发商或者代理公司自己的楼盘开盘时员工都是必须要到场的，那些开盘时漫不经心的、玩手机的基本都是“员工托儿”。设想一下，你买套几十万几百万甚至上千万元的房子，开盘时你会漫不经心无所事事玩手机吗？再就是开发商请的托儿，花钱请人来排队冒充客户。有些楼盘开盘的时候不是在大屏幕上显示摇号情况吗？首先不讲摇号本身的问题，既然能找来托儿，肯定不会是只排个队问个询的托儿，

带上身份证和户口本来的托儿才是重点，而摇号结果显示的身份证和姓名，很多都是托儿的，所谓日光盘、火爆盘大抵就是这么来的。

俗话说：抢着吃才香。开盘即售罄已经成为很多楼盘的标配新闻稿了，事实上这只是楼盘销售的公关套路。如今，企业都可以通过自媒体公众号等平台自己发声，都不需要媒体来报道，但还是能被搜索引擎收录，被相关行业新闻网站抓取。由自己发布的“新闻”稿件想怎么写都由公司决定，标题更是随心所欲，对读者（准购房人）来说，新闻与广告真的已经傻傻分不清了。

从众效应是指当个体受到群体的影响（引导或施加的压力），会怀疑并改变自己的观点、判断和行为，朝着与群体大多数人一致的方向变化。也就是指，个体受到群体的影响而怀疑、改变自己的观点、判断和行为等，以和他人保持一致，即通常人们所说的“随大流”。

有了足够多的蓄客才正式开盘，这样做的目的之一就是要让现场的

"群体"效应影响个人成交情况，置业顾问好借机向购房人进行逼单。所以很多人买房，一开始犹豫，最后下决心买房，不是因为房子好，而是因为旁边的"托儿"都在抢。

这时的购房人心理大概和在淘宝上买东西差不多：一个店铺的销量越高，好评越多，自己就越不需要再做其他求证，会毫不犹豫就跟着其他人下单了。这就是从众心理。相信那么多人买的肯定是好东西，不然不会这么多人买；即使东西不好，买回来发现上当受骗了，他认为前面还有那么多人买了，上当受骗的多了去了，又不是只有自己一个。

每一个开发商都需要制造销售火爆的场景，然后通过各种媒体手段进行传播扩散，故意制造紧张气氛，你看到的把门挤塌、为抢同一套房打架的很多"突发状况"，只不过是他们请来的"演员"在卖力配合演出。目的当然是要给你信心，帮你快速下定决心现场买单。

实际销售遇冷怎么办？前面讲到，优先选房的购房人反而可能根本没有几套好房可选，却在开盘当天被现场热销气氛逼单，因为开发商早就看穿下定金的这些用户的心思，可以凭借不能退定金来肆无忌惮地逼用户就范。

对于一直没下单的客户，置业顾问的套路会继续，给购房人打电话：什么谁谁的关系户不要了，空出来一套两套楼层和户型都非常好的房子……一个楼盘有几十个置业顾问，一人来这么几套，是不是正好满足了购房人"捡漏"的心理呢？不少购房人会立刻利用这个机会快速做出决策，想着：再不抓住最后的几个机会，这个楼盘的优质房源就要跟自己说拜拜了。

〖套路破解〗

我们生活的周围有“饭托儿”“医托儿”“卦托儿”，网络上还有“水军”，房地产销售现场也自然少不了“房托儿”。明明消费某个产品或服务是一个双方认可的等价交换过程，却不同程度给人“销售 = 骗钱”的感受，原因就是销售不透明，用户被各种销售套路设计，被动选择。

作为购房人，自己实际需求才是第一位的，本身不应该受别人太多的影响，市场各方面因素也不是购房人可以左右或决策的。买房作为人一生中的重大决策，当然需要先从自己这里做好功课。是追求地段、地产品牌还是追求性价比，或者其他，都应做好多种准备，即便非某一个楼盘不可，也需要做好不同楼层不同户型的选择预案。

如果不想陷入那么多的卖房套路，变被动为主动，即刻成交法是较好的选择。即在楼盘可售状态（当然不是预定状态）直接向置业顾问确认看好的房源一二三是否有，有就立即签约付款成交，否则就另寻其他项目房源。

案例二

租房合同惊变贷款合同

2018 年 3 月底，一位同事的老乡小冯在北京通州梨园附近通过一家小型房产中介找到了合租房源，租下了一套三居室中的次卧，按租房合同规定押一付三，合同期为一年，另外小冯向中介支付了近一个月房租的中介服务费用。

两个月后的一个周末，两名自称是某园物业的工作人员登门，表示原来跟住户签订合同的房产中介被他们收购了，现在所有的住户需要重新跟这个公司签署房屋租赁合同，原来的合同金额和租赁期限不变。

小冯对来者身份有些质疑，于是打电话给之前签合同的负责人，询问是怎么回事。结果对方明确表示，公司确实被收购，以后租房所有相关的事务他们不再受理，直接跟新公司沟通即可，并且对方会派工作人员对现有的租客逐个进行登记确认。

前来做变更登记的人还特别交代，下次支付房租费用的时候，方式会更加灵活，用手机下载一款叫元宝 e 家的 APP，进行注册登记，房租只需要通过 APP 月付就可以了。原来的押一付三，现在突然可以月付，小冯心里暗自高兴，这样房租压力可以减轻不少。于是他在工作人员的指导下，即时下载了这款 APP。工作人员索要了他的身份证、银行卡等信息后，主动帮小冯注册，并按一年的房租额度进行了设定，等于是将小冯的房租合同延期长了 3 个月。

然而，同租一套房的另一位租客小王就没这么轻松了。小王的租房合同是 7 月份到期，但在 3 月份小冯搬进来之前就同样被工作人员开通了这个 APP，开通时同样也在 APP 上按半年给小王申请了按月付房租业务，可小王打算 7 月份到期后不再在这里居住，以为到时候搬家就不用再交房租了，并且当时来做交接的工作人员也明确说退房后就不用再登录那个 APP 去还款了。结果 8 月初，该平台不断发来提示短信，说小王在元宝 e 家上有欠款逾期未还。

小王打电话找工作人员询问，对方说可能是平台信息出现错误，会帮小王与平台联系。但过去两周了，一直没有给出明确的回复，小王再次打电话时，工作人员索性不接电话了。小王只好去报案，他跟派出所接案的民警沟通后才知道自己原来不是按月交房租，而是按月帮房屋中介向金融机构偿还半年分期贷款，直呼自己太大意被坑了。

小冯知道了这个情况后，立即向房屋中介咨询是否可以解除还贷协议，继续采用之前押一付三方式交纳房租，中介明确告知他们现在跟租客没有任何收租关系，只能等合同约定到期后再确认租客是否续租房屋。

【套路分析】

很多漂在一线城市的年轻人，正在为租房苦恼，房东直租不好找，黑中介遍地都是，很多中小型中介公司押金不退的情况大量存在。而更恐怖的是，在跟房屋中介公司打交道的过程中，一些租客不明就里地中了中介公司的新圈套。

据了解，元宝 e 家运营方为北京某互联网信息服务有限公司，旗下“房租 e 分期”“家装 e 分期”两款互联网金融产品，覆盖用户数量达数十万。

2018 年年中，该公司 APP 涉及多起租房被贷款事件引起社会广泛关注。

上海长租公寓运营商“爱生活爱公寓”因资金链断裂，通过股权出让的方式寻求融资，随此事公开的，还包括爱公寓租客签约时，被告知通过元宝 e 家线上平台交纳租金。爱公寓的工作人员以租客身份向元宝 e 家贷出了一年房租，租客之后每个月交纳的租金，实质上是偿还元宝 e 家给中介的贷款。

即房屋中介机构将租客的租房合同抵押给金融机构，一次性从金融机构元宝e家获得合同约定租期内的房租全款，而房屋中介机构把自己需要向金融机构按月还贷的钱，转嫁给了租客。

租客交房租，变成了为中介机构还贷款！

元宝e家与房产中介公司有合作关系，租户通过平台可以分期交纳房租，元宝e家会先把钱垫付给房产中介公司，然后租客再一期一期还给元宝e家。这个银行贷款分期还款看上去是一样的，但性质完全不同。房产中介公司一般都不会告知租客这是一个网贷平台，而是告诉租客通过这个APP交房租，诱使租客选择月付的方式来帮房产中介还网贷。

元宝e家客服明确表示，该平台具有贷款性质，如果租客与中介公司没有沟通好并产生逾期，会对征信产生影响。如果租客提前退租或者终止合同，也需要中介提前向元宝e家方面提交申请，并将剩余租金退还给贷款平台，才能帮租客撤销交租订单。

银行方面表示，如果客户有诸如元宝e家等网络平台的贷款没有还清，就不能在银行办理房贷等其他贷款业务。如果客户因网络贷款导致在征信系统有不良信用记录，不仅会影响贷款的收入还贷比，同时还有可能造成个人贷款利率上浮。更为严重的是，目前征信系统应用广泛，一旦在这方面出现征信问题，以后出门连高铁与机票都不能购买，甚至会影响子女就学等。

虽然中介机构未告知租客实情就将租客信息与网贷平台捆绑并产生借贷的行为涉嫌民事欺诈，但大量的租客却选择忍气吞声，自认倒霉，这恰恰给了这些不良中介机构肆无忌惮继续坑害其他租客的机会，甚至演变为行业潜规则。

〖套路破解〗

2018 年 8 月 23 日，杭州曝出鼎家网络科技有限公司的长租公寓业务破产，超过 4000 名租客将遭受财产损失。租客们通过 51 返呗（现更名为爱上街，一款网络贷款 APP）一次性将租金付给了鼎家，鼎家再每月以还贷的方式交付房租。如果鼎家破产，不仅租客拿不到先前交付的押金，房东也未收到鼎家的租金费用，一些房东已准备收房，这势必带来房东与租客的纠纷，并且房东与租客双方必定都会同时遭受财产损失。

租房中的套路非常多，主要是一些素质较差的中介服务人员的个人行为，也不排除一些小的房产中介机构改变房租性质，把交租变还贷。

在一二线城市，房屋中介工作人员违约“押金不退”的情况非常普遍，导致很多租客不再愿意与中介机构打交道。

所以，尽量不租非正规中介代理的房子，如果不得已必须租，首先要弄清楚公司名字。在签租约前，先上网搜索一下，如果对该中介服务的曝黑帖不少，那就要非常小心了。没租房经验的人，千万别图便宜，尽量去一些大型连锁房屋中介机构咨询，通过店面柜台办理所有合同手续，并保存好所有的票据。如果中介机构需要直接交纳押金与服务费，中介的服务费该是多少就多少，一定要签好相关合同，所有费用均应有正规发票，并保存好发票等票据。

在租房的过程中，按合同约定的交租方式交租，中途应拒绝任何支付方式的变更，只要保留好租房合同与发票，对方若违反合同提前结束租约，必定要做出赔偿，否则他们的任何干扰行为都可以直接报警处理。

像案例二中，中途遇到中介公司变更的情况，完全不用理会，继续履行原有合同的相关规定即可。

另外，有一种情况很常见，就是租房合同未到期，房东要收回房子。所以，在跟中介服务机构签约前，一定要知道中介与房东的合同期到底有多久，如果对方不能出示相关合同，就不应签租。

毫无疑问，与房东直接签约永远是租房最好的方式，违约情况发生非常少。

2018 年，我爱我家原副总裁炮轰自如、蛋壳等长租公寓运营商以高出市场价 20%~40% 的价格争抢房源的言论引爆网络，也将当今租房中介如何玩转租房“投资”曝光于公众视野。

大量正规、大型房产中介正在全面推动所谓的分期付款方式的“信用租房”或“租金贷”，本质上就是房产中介金融套利，涉嫌利用租客和房东的法律盲区，侵犯其权益。中介公司先从银行拿走一年的房租贷款用于自身的发展与分期支付房东费用，然后由租客背负贷款按月向银行还贷。

虽然在租房的时候看上去会给出一些优惠（例如押一付一甚至押零付一，只需交点服务费），但大家务必看仔细每一条合同约定款项，尤其要注意房租期限（如 12 个月）是否在房东的代理出租合同（建议将此条款加入租房合同中，如果房租合同未到期而租客被房东赶出，房屋中介要承担明确的相应责任）期限内。

在租房签约时，如果要享受对方给予的优惠，想必房产中介就会另有所谋。如果被对方要求跟 ×× 金融公司发生借贷业务关系，按月向 ×× 金融公司交付房租，即正常的租房业务变成了贷款业务，这实际上就是侵犯了租客的权益，房租的性质就完全变了。

如果个人认为可以接受，那接下来还有一个重要的内容需要清楚，即租房期限与贷款还款期限（这一点非常重要）是否一致。

遇到任何问题，在签合同前就必须安全解决，否则一旦签订合同交付押金，哪怕要租的房子你一天也没有住，只要违约都可能面临损失押金费用与服务费等的困境，即便有民警介入，协调都无法改变既定的事实。

这种按月定期交付合同款、结果被商家用金融工具变成客户贷款方式支付的业务，不仅在房产中介这里存在，家政服务、技能培训等领域也正在发生。国内某知名大型家政服务全国连锁企业就借第三方金融服务，声称全免雇主的服务费，但要求雇主签约第三方贷款服务，家政公司从金融公司一次性获取合同全额费用，雇主以还贷的方式按期向金融机构支付费用。

如果提供服务的商家在企业资金运营过程中出现任何状况，雇主和服务人员都将可能遭受损失，所以在接受所有类似这种交费变贷款的服务时，一定要慎重以对。

10 元钱的茅台镇原浆 / 酱香酒

前有茅台酒股票价格冠绝 A 股、茅台酒各种渠道不时断货，后有产自茅台镇的酒近几年开始更加疯狂地席卷全国中低端市场。各种号称产自茅台镇的“×× 酱香酒”仿茅台酒瓶造型系根红绳霸屏朋友圈微商与淘宝等网购平台，更有大量不知名的低端仿茅台酒商打着来自茅台镇的茅台酒的旗号在全国三四线城市及乡镇开启各种疯狂营销。

只要打开电视，无数个地方电视台（甚至覆盖全国的卫视台）轮番轰炸的是清一色老年保健品、药品等电视购物广告，每个购物广告的持续时间都特别长，各色男女老少群众演员与“专家”轮流上阵，一遍又一遍催促快打电话抢购以免错过抢购的最佳时机。

在湖南岳阳某乡镇，就有不少乡亲因当地电视购物的宣传购买了 99 元钱一箱（6 瓶）的“茅台镇原浆酒”。电视购物中不断强化酒的原产地，配上仿茅台酒的酒瓶，迅速拉近用户的心理距离，让用户觉得得到“实惠”，认为既然买不了（如今的生活条件并不是买不起，茅台酒在国内常年处于随时断货状态，同时各种酒类专卖店卖假茅台酒的新闻不断让普通用户对花高价钱买到假酒心生畏惧）1000 多元钱一瓶的正宗茅台酒，那花不到 100 元钱就能买到同样产自茅台镇的“茅台酒”好几瓶，提示人们买不了上当买不了吃亏，竟然也相当奏效。

因为价格低，所面对的用户群体基本都没有喝过正品茅台酒，所以也就品不出所谓的差别，于是这些用户都选择了相信，相信电视这个权威发声的媒体平台，相信电视购物广告中描述的这个“茅台镇原浆酒”就是和茅台酒差不多的酒。

有人在买完后，不断接到更多的推销电话，推销其他电视购物商品或所谓的直销商品，即便把对方的电话拉黑，他们也会换一个电话号码，继续骚扰，让人不胜其烦。

【套路分析】

“只要998”几乎是电视购物广告最经典的梗，从令人抓狂的“八心八钻”钻戒到“镶金镶钻”手表，以及所谓的“顶级”奥地利水晶钻，通通只要998！

在传统的电视购物套路中，主持人和“专家”通常会帮助电视观众一起综合分析市场上同类产品的价格，然后表情无比夸张、声音突然提高一个八度，掷地有声地高呼：不要一两万！不要两三千！真的只要998！998！而与此同时，镜头会推到旁边的厂方代表（通常是董事长或总经理）为了配合这些推销话术，做出的一个亏大了、痛心疾首的表情。

从销售心理的角度来看，先抛出一个非常高的参考价格，再给出一个“出乎意料”的低价，消费者会自发对两个价钱进行对比，觉得商家定的这个价格是经过深思熟虑的，而且似乎更接近成本甚至让人相信真的是亏本在卖，相应的，用户就会产生超值、真的很便宜的想法。一旦这个想法冒出来，关注的焦点就被销售人员左右了，然后离“剁手”也就不远了。

这个“白菜价”的价格突破用户的心理防线后，一些电视购物还推出更大的优惠挑战观众的冲动极限：“不要钱，免费送！”“为了答谢广大朋友对我们的照顾，××只要998！等等，我们还有惊喜，买金送金，买××送××，不要钱，免费送！免费送！前面打进电话抢购的××位顾客免费送！今天只有××个名额，赶紧拿起电话订购吧！”

在日常生活中，人们会从外界接收到成千上万条的信息，但真正能引起注意的并不多。这些提高分贝结合极度夸张表演的电视购物并不一定能立即刺激人们使其付诸行动，但是数字对比、免费这些词，确实能够轻易攻陷人们的感觉阈限（感觉是由刺激物直接作用于某种感官引起的。但是，人的感官只对一定范围内的刺激做出反应；只有在这个范围内的刺激，才能引起人们的感觉。这个刺激范围及相应的感觉能力，我们称之为感觉阈限。刺激物只有达到一定强度才能引起人的感觉），深入人们的心里，一些人甚至会为了得到“免费”赠品而去购买那些商品。

除了电视购物这样夸张的促销手段，平时在一些县城、乡镇等地方，我们也经常可以看到各种短租客临时租下铺面后四处散发广告，并在门口张贴各种“老板娘跑了”“只剩最后 1 天”“给钱就卖”等小广告，当然必要时还会配合音响喊话。其中最著名的非“浙江温州江南皮革厂倒闭了”莫属。这些促销话术还被原封不动地配上音乐成为网友们津津乐道的传播话题：浙江温州，浙江温州，最大皮革厂，江南皮革厂倒闭了！老板 ×× 吃喝嫖赌，欠下了 3 个亿，带着他的小姨子跑了。我们没有办法，拿着钱包抵工资。原价都是 300 多、200 多、100 多的钱包，通通 20 元，通通 20 元！××，你不是人，我们辛辛苦苦给你干了大半年，你不发工资，你还我血汗钱，还我血汗钱！

这个充满“内涵”的香艳故事，不仅一下子就吸引了路人的注意，还树立了被欠薪工人的悲情形象，让路人对这些甩卖者产生悲悯与同情，继而诱发购买行为以示支持。

电视购物广告中的诸多套路，也都是源于生活。例如，“还剩 1 分钟”“最后 ×× 件”不就和大街上的“只剩最后 1 天”一样，是在营造紧迫感吗？

当然，而今的电视购物已经更贴近生活，吃穿住行方方面面的商品大都充分通过现场案例实操演示、互动，并结合自有电商平台或天猫、京东等旗舰店网购促销，电话已经不再是主要购买途径，消费者也有了更多时间充分选择。

那些茅台镇酒的电视购物中，商家宣传有两个重点：茅台镇，原浆/酱香酒。同时，广告视频中不断呈现的是和茅台酒包装几乎一模一样的酒瓶与红绳。正品茅台酒（指飞天）高达数千元一瓶的价格与经常断货的情形，导致各种“假茅台”横行，给了这些“茅台镇原浆酒”极大的销售空间。

尽管茅台镇几乎家家户户都产酒，据说连小作坊都算上，共有3000多家，数万个品牌。但是真正的粮食酿造的酱香酒，根据其酿造工艺与存储周期，是无论如何也达不到99元6瓶还有利润的（其中还有广告费用、物流与销售渠道费用及企业盈利等）。

根据公开的资料显示，茅台镇酱香白酒有几个工艺等级：坤沙>碎沙>翻沙>串沙。

坤沙酒的坤沙工艺是酱香酒中工艺最好的，采用“九次蒸煮、八次发酵、七次取酒、二次下沙”，历经10个月的周期酿造，7次取酒后的基酒需存放3年以上才能进行勾调出厂。

酒的存储时间是酱香酒的最大成本，正宗的酱香酒是由坤沙工艺制作的。所以，市面上所有200元一箱（6瓶）的所谓茅台镇原浆酒，只有串沙工艺的酒可以做到这个价格。除此之外，就是直接使用酒精勾兑酒了。这些低端酒是用食用酒精和香精等勾兑出酒的味道，却用酱香酒来宣传，可以说是赤裸裸的造假。

原浆酒因为其概念经过各种渠道广泛传播，被消费者津津乐道。可是很多人不知道酱香酒的工艺和成本，贪小便宜的人都会被这个原浆酒概念所骗。

原浆酒顾名思义就是通过发酵蒸馏出来后不经过任何勾调（勾兑）工艺的原酒。真正的原浆酒酒精度数极高，不能直接喝，必须进行降度。原浆酒一般用老酒勾兑，才不失去原酒风味。

所以，一般情况下，我们喝的都是经过勾调的酒，并不是真正的原浆酒。原浆酒本身不应该被推荐给消费者喝。但是，原浆酒的概念暗示未经勾兑，所以更容易抓住消费者害怕勾兑假酒的心理，这也是如今原浆酒被炒得很火热的重要原因，这种火热对整个行业都会产生一定危害。

一两百元钱，对如今的消费者来说，不算多，就算买到假酒，很多人也不会去报警，且在没有喝出问题来时，也无法引起更多人的重视。一些不法商家与假酒贩子正是利用了人们的这种心理，偷梁换柱，打着茅台镇的牌子去销售自己的假酒或者是酒精兑酒。于是，电视上在不断强调原产地，淘宝上诸多商家则贴出诸多“发誓”“帮老爸卖真正的‘好酒’”此类宣传标语。

〖套路破解〗⊘

首先，要拒绝低价诱惑。被吹嘘得质量极优、价格又超低的好酒不是没有，但普通消费者根本不可能轻易买到，能轻易买到就需要深度怀疑。

其次，连正品茅台酒的“厂家自提”都可能有李鬼调包，对于其他品牌的“茅台镇酱香酒”，消费者就更无从追踪其来龙去脉了。

我们不能怀疑部分人对热门紧俏商品从生产到流通一条龙的造假能力，但也必须相信正规商品官方途径的可靠性。最重要的，还是要学会控制作为消费者那颗贪图便宜与不善于去求证的心。

卷土重来的国宝玉玺

在2016年，曾在4年前就已经被叫停的“航母镇国宝玺”购物广告卷土重来。

这则广告打着“上级单位批准”“国家工美”“军队血统”等名号，引来不少消费者竞相购买。

然而，事实上，经中国国家工美协会证实，这个打着“国家工美”监制旗号的“航母镇国宝玺”与该协会没有任何关系，电视购物广告上给出的证书是仿制的，打造这款产品的河南玉器大师仵海州也被证实多个头衔存在虚假拟设情况。

其实，每隔一段时间，名家字画、瓶器、玉器、金银器，甚至《清明上河图》《兰亭序》等传世名品都会被一些非法机构拿来炒作，再次登上电视购物清单向广大电视观众推销，简直令人哭笑不得。但因为促销手段不断翻新，仍然有相当多的购买者。从起初打着齐白石、李苦禅等名家后人、门下嫡传弟子的旗号到工美大师精心独创、国礼限量版大酬宾等，让人防不胜防。

电视购物中，广告台词不断地强化“还有最后10个名额”“只有最后×套”“还剩最后×分钟”“错过这次机会再也没有了”“赶紧拿起电话订购，今天特别批准向您赠送××××”……主持人步步紧逼式的煽情话术，令人感动的多重礼物赠送，越来越紧缺的优惠名额，似乎只要错过就会一生遗憾，一些人脑门一热就成了他们的“客户”。

【套路分析】

如今物质丰富程度可以说只要你想要，随时都可以找到。如果你还因为电视购物中主持人和助演的极力煽情就忍不住手痒痒，事后感觉自己被骗了，那旁人只能表示无奈了。

正规的电视购物平台有不少，例如，中视购物、快乐购、东方购物、央广购物等。2017年，全国34家电视购物企业（频道）实现销售额363亿元，同比增长37%。

但因为电视台数量众多，消费者需擦亮眼睛分辨。首先，如果选择电视购物，优先选择购物频道，尽量不要选择其他频道播放的购物广告。购物频道一般都由正规合法企业主体负责，商品销售问责较为方便，其他频道中途播放的购物广告经常来源主体不明，追责困难。其次，由于电视购物普遍都采用电话预订、货到付款的方式，所以在冲动下单后，如果在接收商品时确认不需要，还可以选择拒收。而且，在确认接收商品时，一定要拆开商品确认后再付款。

另外，传统的电视购物中，商家为了获得超额利润，会寻找大量不为人知的暴利性商品重点销售，例如具有丰胸、瘦身、增高、医疗等特殊功效商品，凭借夸张的广告说辞，构造虚幻的产品卖点，满足部分消费者新奇的需求。新型电视购物对于商品的选择更多元化，从厨房电饭煲到T恤羽绒服、从奢侈品到境内外旅游等，并且大多选择的商品都是国内知名品牌合作商品，为电视购物受众提供了相对可信赖的品质保障，这也是当下电视购物能够如此大规模增长的一个重要因素。

时下，实体店、网商、电视购物等各种平台都在争夺客户资源，移动互联网的不断升级，让我们在任何购物平台选择商品或服务的过程中，都可以随时随地通过手机等工具去查阅或求证其商品宣传是否属实，并且电视购物也在充分结合网络，成为商家官方网络平台或主流电商平台旗舰店的促销渠道。电视购物本身就不是一个高效的立等可取的购物过程，所以更应该花点时间去求证并最终确认。

这些所谓的收藏品，千篇一律都会贴上“名家”“名品”“限量”“权威机构认证”等标签，但其本质能称得上工艺品就已经不错了，更多的是仿冒品或者赝品，真正的收藏品从不采用电视购物的方式推荐给收藏者。

这个套路能够奏效的最重要原因就是电视观众作为消费者，盲目相信电视购物平台的公信力，并且收藏常识相当匮乏。不法商家深知电视购物的受众群体往往是一些对收藏感兴趣的普通中老年人，这类人群一般没有雄厚的资金基础，缺乏收藏常识，只能任由电视购物“忽悠”，而电视平台因为追求广告业绩，对这些非法广告把关不严，也成为助纣为虐的帮凶。

〖套路破解〗⊘

无论是从理财投资还是收藏角度来衡量，电视购物绝对不是合适的投资收藏渠道，如果消费者只是为了作为装饰物或工艺品陈设摆放，那就无可厚非了。

另外，几乎所有这些通过电视购物销售收藏品、艺术品的机构，都不存在售后服务这种事情，只要货发出去，收到钱，想反悔退货或找售后门儿都没有。

至于目前国内电视购物中出现的艺术品、收藏品等，请直接拒绝相信，千万不要轻易出手不熟悉的收藏与艺术品领域，更不能带着投资的心态进行电视购物。

超市免费抽奖券与旅游购物新套路

全国各地的各类型超市，经常会将超市出口设置在商场内通道，顾客必须要绕过很多店铺小道才能走出商场。这是商场为盘活大量店铺而专门设计的，但也给了一些无良商家诸多行骗机会。

在北京通州某个超市卖场，购物出来之后，必须要经过一排排商店然后拐几个弯才能走到商场出口。我姐姐有次来北京，自己去超市买了些东西，结完账后立即就被超市出口边上的一家卖金饰的商家店员叫住，问她买了多少钱的东西，说只要超过一定金额就可以在他们这里免费抽奖，有机会免费从他们这里获得价值过千甚至上万元的珠宝。

姐姐掏出小票给对方，对方一看，大声说："哇，购物超过 30 元就有一次抽奖机会，你这购物小票显示买了 150 多元的东西，可以获得 5 次抽奖机会。"说完对方立即从旁边拿出一个抽奖箱，说如果幸运抽到一等奖的话，就可以不花钱拿走任意一件 5000 元以内的金镶玉商品。

姐姐觉得挺不错，猜测是超市的回馈活动，于是在工作人员的鼓动下开始抽奖。

没想到抽到第二张券的时候就刮出一个"一等奖"。工作人员表现出非常惊喜的模样，不停地大赞我姐姐手气好，说 1000 张奖券里面只有 3 个一等奖，只要抽到一等奖就可以免费从他们这里选择一款 5000 元以内的金镶玉吊坠。

既然都抽到一等奖了，那自然就要选一件贵一点但不超过 5000 元的商品了。姐姐选好一款标价为 4980 元的金镶玉，拿在手里看了看，工作人员赶紧将999纯金与和田玉认证的证书打开给我姐姐看，一边大赞我姐姐运气太好，令人羡慕，一边拿包装盒准备给装起来。

姐姐再次跟对方确认，是不是免费的，工作人员一再确认是免费的。但同时又赶紧拿出他们的一个提示牌，提示牌一边写着全场7.8折，一边写着中一等奖仅需支付15%认证费后免费拿（“免费拿”3个字特别大）。工作人员跟我姐姐解释说，抽到了一等奖，商品肯定是不要钱的，但指着认证书上的红戳说只需要支付商品价格15%的认证费用即可拿走价值4980元的金镶玉。然后拿出计算器一算，显示为747元。

工作人员同时拿出几张当天的收据，说今天有几位客人就花了3884元（7.8折）购买了这款金镶玉，现在她只要支付15%的认证费就可以拿走，实在太幸运了。

我姐姐说身上没带那么多现金，对方立即出示收款二维码，说可以用微信或支付宝支付，恰巧商场离家近，姐姐没带手机，只能考虑回去取手机或者取款再来拿。工作人员立即拿出订书机来，将奖券与超市小票订在一起，并且在奖券上写上：未兑奖，杨 ××（工作人员名字），并嘱咐我姐姐当天的票只能当天兑换，叫她赶紧回去取钱，或者现在也可以选一款价格低一点的金镶玉，这样也不用花那么多认证费用了。

我姐姐坚持说回家取手机再来。回到家，姐姐非常兴奋地告诉我今天她手气不错，在商场抽奖抽到一个一等奖，可以获得一个价值近 5000 元的金镶玉。我问她金镶玉在哪里，她说还没有去取，因为要交一点点认证费用，她身上没带那么多现金也没带手机，说等下就带着手机过去拿奖。

我赶紧告诉她，这种活动根本就不是超市活动，而是外面的不良商家搞的欺诈抽奖活动。我姐姐不太信。于是我从网上找到关于这个抽奖骗局的新闻给她看，中央电视台就曾多次报道这种超市抽奖骗局活动。

这下她才恍然大悟，说超市结账的时候说过购物满 100 元可以到一楼的超市服务台加 1 元兑换 1 包 80 抽的纸巾，但根本就没有说有这样的抽奖活动。如果超市有这样的活动不可能不告诉顾客，并且她还抽到了二等奖 500 元、三等奖 200 元的购物抵用券，但工作人员完全无视二等奖和三等奖。

姐姐明白了这个情况，就没有去领奖。

姐姐想逛北京，于是参加了北京一日游跟散团去知名景点走一走。

早上他们坐在旅游大巴上远远看完升旗仪式后，大巴车就拉着他们奔赴经典一日游的各个景点。

中午吃饭前，他们被拉到郊区的一个北京特产购物商场，姐姐也顺便买了些特产果脯茯苓什么的，买完东西后就在商场边上的饭店吃午饭。

下午到一个景点后，导游带游客来到远郊不知什么地点的一个玉器专卖店。一位自称是爱新觉罗氏后裔的“富二代”说，今天很巧从国外回来，接受其父亲的考验，如果表现好的话，将可能回国来继承数十亿元的家产，并且说北京的玉器约有一半都是他家供货，他家的玉器还被重要人物送给国外政要。

为了测试游客对自己的信任度，这位爱新觉罗氏后裔从柜台里拿出一个标价 6666 元的玉手镯，从 100 元开始起拍，说只给 10 次加价机会，每次最少 100 元。前面 9 次叫价大家都只加价 100 元，这位爱新觉罗氏后裔不断强调说还有最后一次机会，还没等说完，一位阿姨直接说 1500 元。这位爱新觉罗氏后裔突然变得煽情起来，夸阿姨漂亮、大方，让他想起自己已经过世的妈妈……说着说着就激动起来，还说不收这位阿姨的 1500 元，只收她 50 元就把这手镯送给她。

然后伸出两个手指头，说自己一定要继承好家里的产业，并且今天破例向到场的这一批顾客以 2 折出售指定柜台的所有饰品，但有一个前提是要 2 个人才能成团，也可以一个人买 2 件。刚说完，立即有工作人员跑进来，焦急地对着他耳朵悄悄说了几句话后离开。

这位爱新觉罗氏后裔立即转过头笑对游客说：“刚才我们工作人员说，我们商场从来没打过 8 折以下的价格，我刚才对你们说的 2 折完全就相当于倒贴钱白送，让他们非常难做。但是这商场是我家开的，今天我破例一次，说话算数，商人必须要有信用，要是没有信用就没办法继承家族的事业，所以就算是亏本也就亏这一次，这也是大家的幸运，我愿意把这种幸运跟大家分享。”

一段激情洋溢的演说之后，这个团超过一半的游客都挤到了柜台边上开始选购自己中意的饰品，也包括我的姐姐。

【套路分析】

中央电视台财经频道曾报道过一些地方的商场抽奖玄机：工作人员特意将很多张一等奖奖券单独放在口袋里，只要有客人被吸引过来抽奖，工作人员就会在抽奖前偷偷拿出一张一等奖奖券塞到抽奖者手里，基本保证每个过来的客人都能抽到一等奖。

而抽到的玉器和金饰商品进货价普遍都在 30~150 元之间，正常标价却高达数千元甚至数万元，其玉器材质基本上都是玉器中最次的材料，薄薄的金饰层能称出来的重量在 0.05~0.10 克，中间用厚厚的胶黏合，这样的东西几乎没有任何工艺附加价值。

同时，中央电视台新闻频道也曾曝光过一组旅游景区购物店的商品进出库表，标注着各种玉石珠宝的进价和标价，其差价十分令人震惊：

墨油手镯进价 60 元，售价 6800 元；

冰种手镯进价 400 元，标价高达 58800 元；

标称是和田玉 3D 龙牌、凤牌进价 85 元，标价高达 28800 元；

标称是和田墨玉的龙牌、凤牌进价都是 40 元，标价高达 36800 元；

……

对照背后这些进货价与销售价，这种销售的套路简直就是欺诈。我们应该记住马克思在《资本论》中的那句名言：“如果有 10% 的利润，它就保证到处被使用；有 20% 的利润，它就活跃起来；有 50% 的利润，它就铤而走险；为了 100% 的利润，它就敢践踏一切人间法律；有 300% 的利润，它就敢犯任何罪行，甚至绞首的危险。”

这些购物场所与低价旅游团同流合污，形成一些地方旅游产业链中的一环，如此获得数百倍的回报，在国内，这些旅游商品的利润已经达到甚至超过原商品基本价格的100倍了。可想而知，这里面的套路有多深。

〖套路破解〗⊘

现实中，很多人因为盲目相信别人，不小心进入骗局。因为贪图便宜而买到的东西，有可能会让你付出更大的代价。不仅在国内，国外跟团游也被很多人活学活用，用得淋漓尽致，甚至有的导游会使用的威逼利诱或中途在荒野甩客、没收护照等各种奇葩手段，无不是在要求游客中途参与他们的高消费项目，这样的新闻已经见诸媒体很多年了。

商场也好，旅游也罢，手段何其相似。

首先，用免费、低价获客；

紧接着，一旦客人来了，就穷尽各种手段来包装消费（宰得好看一点，毕竟还有法律），把原本商场没有的抽奖强行搭上购物小票迷惑客户，让其以为是商场自己的活动，旅游途中原本没有的珠宝玉器消费强化为旅游行程的必需部分。

所以，本质上我们是在游戏规则之外的不明参与者，这些机构都是在利用客户的信息不对称来赚取暴利。我们必须正视自己的消费心理与消费习惯，不要轻易相信所有的免费与超越其内在价值的低价活动。

或许，正视我们自己的消费行为与消费心理，才是最有品质保障的消费升级。

第六章

健康长寿的“代价”

虽然长生不老只是种传说，可我们都是看着、听着神话传说长大的。

俗话说，健康是1，其他全是0，人如果没有健康，任何其他事情都是浮云。所以，健康养生不仅成为老年人的关注焦点，也成为整个社会的关注点。

前面提到，人在不同的阶段有着不同的核心诉求，小孩的关键词是玩，青年人的关键词是性，中年人的关键词是钱，老年人的关键词是命。在人生的每一个阶段，都要密切地与社会中提供相应服务的人打交道，在这个过程中，都无法避免会遇上各式各样的套路。

但是，有很多套路是可避免被套住的，我们可以通过分析识别出商家的套路，识别出商家所提供商品或服务时是否居心不良，避免遭受严重的财产损失。

下面，我们将以老年保健品为重点，用几个案例来解析一些不良企业是如何利用套路来坑害民众的。

案例一

免费温泉之旅

在济南东二环某商务大厦，一家总部位于天津的某生物科技公司的分公司刚成立不久。该公司销售业务遍及全国，有接近 20 家省会城市分公司和 100 多家地级市分公司。这家公司同时在济南设立了 5 个营业店面，其中一家在济南历城区南全福小区，店面招牌上写着 ×× 养生馆，上面还拉着条幅，写着“国家 863 项目惠民进万家”。在店里的墙上，贴满了公司的介绍和条幅，条幅上面写着“代天下儿女尽孝，为世间父母分忧，为中华民族人人身体健康而努力奋斗”的标语。门店的宣传吸引了不少老年人。

在其内部培训中，公司非常明确其目标是要为老人“打造一个不一样的老年生活”，即：老人在家里没有孩子陪伴，有我们；没有吃过孩子做的饭菜，有我们；没时间买菜，有我们；下雨了出门不方便，有我们……

在门店内，每天有两次专门针对老人的免费培训，上午下午各一次，每次1小时左右。销售人员的主要工作就是配合讲师照顾来店里的老人。在培训过程中，讲师会宣传自己公司的产品，把产品介绍编成一首朗朗上口的山东快板，教老人一起说唱，还会配合类似广场舞的简单肢体动作带领老人一起在培训现场搞活动。

做完活动，会继续介绍产品的各个卖点，讲故事。坚持到最后的老人，可以免费领到一份面条或者面粉、香皂、鸡蛋等赠品，很多老人就是为了领赠品而来的。这样持续了相当长一段时间，销售人员从来不主动向老人推销产品，纯粹就是介绍（电视广告变换为活体广告，重复，再重复，深深地印在老人的脑海里）。面对有意向主动咨询产品的老人，销售人员也不会极力推荐其购买，而是对老人的各方面问题进行深入沟通，并主动为老人提供各种免费的上门服务。

大约一周的免费培训后，店长突然宣布了一个好消息：将组织老人免费去河北游玩3天，门票全免。免费吃喝拿，还免费旅游，哪有这等好事？

店长和销售人员向老人们解释，免费旅游是真的全免费，但主要是针对两类老人全免费：一类是已经购买过公司产品的老人；一类是这几天听课下来有意向购买公司产品的老人。

有意向？这个太容易了，有了免费旅游，那还不是所有人都有了意向？

过了两天，约50名老人被各门店陆续送来准备乘车前往河北平山县旅游，到西柏坡红色旅游景区参观。虽然当天的行程非常短，但依然有一些腿脚不便的老人需要销售人员全程搀扶照顾。当晚老人们被安排住进了一家三星级酒店，晚上8点过后陆续有保健品销售人员敲开老人的房间，他们带来几袋泡脚的中药，一边帮老人洗脚按摩，一边跟老人拉家常。老人们非常感动，称赞他们比自己儿女都孝顺，亲儿女都从来没有这样帮自己洗过脚。

洗脚还不够，他们还会根据沟通的情况，继续给老人做按摩、搓背等。洗脚与按摩是一个很神奇的肢体接触方式，几乎任何一个老人都不会抗拒，这种有肢体深度接触的服务，为销售结果的达成做了非常大的贡献。销售人员的“孝顺”行为，让他们成为自己产品的信任代理，就像谈恋爱的过程中，爱屋及乌一般，销售人员接下来再向老人推销任何东西，都不会有难度。

这些亲密无间的肢体接触，迅速拉近了老人和销售人员的心理距离。

第二天，借泡温泉的时机，销售人员继续跟老人亲密接触，帮他们搓背、按摩。

有了这样连续的贴身服务，老人们彻底放松了心情，这时候销售人员开始同步推销产品，很多老人就是因为被这样的服务感动而预交定金购买他们的产品，也有一些老人感觉这样舒服的免费服务不买点东西实在过意不去。旅途中，他们只象征性收取产品价格10%左右的定金，并跟老人们解释，这个定了就不能退。

而面对一些仍然没有购买意愿的老人，保健品销售团队在旅游环节中特别另设了一个“局”：免费体检。

在体检前，老人们的身体情况数据汇总早已经给到了扮作“医生”的销售团队成员手中，每一位老人通过一个仪器检测后，“医生”都会非常准确地描述老人的病情，如：你有血管硬化的症状，并且已经出现了脑血栓……

在检查到标记没有购买产品的老人时，“医生”会特别强调病情的严重性（通常会择机指出不治就可能跟×××一样花几十万元、几百万元抢救也没能救过来），制造恐慌情绪，让老人们感觉非买保健品不可。

紧接着，在老人们回家休整过一天后，专门的保健品销售会（对外仍然是“健康讲座”，但跟参加了旅游活动的老人们明确提出在当天的健康讲座上，并且只有在这个讲座现场，才能帮他们抢到优惠）开始了，销售全体出动甚至关闭门店。当天的保健品套餐最高优惠过后还要2万多元，最低的套餐也要9000元以上，套餐相应会赠送各种礼品。

这样一场活动下来，当场卖出的保健品就能达到几十万元，之前只支付了一部分定金的老人们，在接下来的几天内也会趁“优惠”陆续支付后续费用。

保健品消费还能变成投资理财吗

2016年年底，一种没有正规经过工商途径注册的、号称对多种疾病治疗有效的艾克蒙肽海洋低聚肽固体饮料被媒体揭发。售卖该饮料的公司不仅卖所谓可以帮助“治病”的保健品，还声称如果消费者购买超过4万元的产品就能够送“原始股”，成为公司的原始股东，享受公司发展的投资收益。

一位老家在北京南边的河北某县城的同事，在一次同事聚会中诉苦，说她在北京辛苦打拼一年，寄给老妈的生活费，几乎全部被这个打着保健品销售投资理财旗号的团队骗走了。在一次回家时她发现老妈买回很多保健品后才知道情况，然后她又花了好大力气说服老妈去退货，结果却发现原销售团队早就跑路了，同城受骗的老人还有很多。

最初，该保健品销售团队每天开中巴车免费接送65岁以上的老人去一个养老公寓听“专家讲座”，宣传所谓的高科技保健产品，并且承诺购买即送股权，告诉老人使用他们的产品不仅治病还能赚钱。

在一场讲座上，这位同事的妈妈和很多老人一样，被一位“博士专家”看诊后，开具了一份“处方”。可是所谓的诊断单上既没有医院、医生姓名，也没有对患者症状的描述，落款是“××经理”。

在诊断单上很明显的“处方”区域，强调要把艾克蒙肽海洋低聚肽固体饮料和肽膳低聚肽固体饮料一起吃。不少人根据开具的处方花费了47680元购买了两种保健品的同时，还收到了一张有签字但没有公司盖章的“承诺书”。“承诺书”上写着：购买产品的用户被赠予1万股嘉嘉博肽

（北京）生物科技有限公司的原始股，这些原始股将在公司上市后获得 24 万至 54 万元之间的收益。

在购买的高峰期，也有个别稍早时间购买产品的老人来现场闹，说产品吃了几天没效果要求退款，销售人员会不断劝说要服用更长时间才能有效。之后销售人员会登门给闹事的老人送去几百元的水果及其他慰问品，结果这些人不但不再闹事，反而来现场帮助销售方做推销工作。

他们才是我的亲孙子

2018 年 6 月 22 日，在哈尔滨的一个酒店会议室，某“保健品”销售团队高调举办了一场“公益健康讲座”。

这种讲座看上去是一场公益讲座，当天到场的人还有大量免费礼品可以领取，但它的本质还是“保健品销售会议”。当天的讲座现场共有 300 多名老人参加，有的老人甚至拄着拐棍、坐着轮椅赶来参会。

在深圳，一位老人的房间里到处都堆满了保健品，据其儿女称，老人被保健品销售公司忽悠，4 年里买保健品花了 60 多万元。更严重的是，为了“治病”，老人每天只吃七八种保健品，导致病情恶化，让其子女很窝火。

保健品销售公司是怎么忽悠这些老人买保健品到了如此痴狂的地步呢？来看一个近几年在四川省的老年保健品销售团队，他们是如何用自己的套路将保健品大量销售给老人的。

其销售团队在成都有分公司，专门负责四川地区的人员培训。各地市的销售团队在当地招聘到销售人员后，送到成都进行免费培训，在此期间食宿免费，并参与一两场现场活动（培训加实操，可谓非常到位）。

培训过程中，负责人会不断向销售人员强化一些服务理念：公司卖的是保健品，更是服务，我们的服务给老人带来的是健康和陪伴。培训期间各种激励、洗脑，让培训人员对未来充满信心。培训完后，大家需要到成都市内的一个小区驻点参加一场现场讲座活动，因为驻点时间已相当长，所以有不少老顾客。老员工还会带新员工一起走访老客户，聆听他们的心声，询问老人保健品的食用情况及反馈，并介绍新的产品。他们会嘱咐老人有空去店里坐坐，同时嘘寒问暖，帮老人洗衣，陪老人买菜甚至帮老人做饭。

经过一周左右的培训，有 2 名销售人员被分到自贡市，还有几个去了其他城市。自贡是四川的一个地级市，由成都团队的老员工带新员工直接来开拓市场。团队会在市中心的一个大型老小区租下一个门面开设“养生馆”，每天早上由 3 名员工带着宣传单与环保购物袋到周边吆喝，拉路过的老人来店内测血压。

为了套近乎，所有员工都称呼这些老人“叔叔阿姨”，因为这样称呼会让老人们觉得自己还年轻，心情愉快，会更乐意跟他们打交道。而当老人们问他们是不是又是卖保健品时，他们则统一回复说是保健食品，多了一个“食”字，老人们的戒备心就不会再那么强了。

然后，销售人员通过与老人聊天来了解老人日常活动与对保健品的需求，开始精准筛选客户，并在每天都对下一步聊天的内容做好详细计划。

接着，随着客户的积累，正式筹划养生主题的讲座，用鸡蛋、大米、保温杯等日用品吸引老人宣传扩散并参加活动。

到了养生主题讲座（实际上就是售前会议），经过严格培训的“养生专家”开始滔滔不绝讲解几种最常见的老人疾病（这个信息是依据前期销售人员与老人接触的交谈中得到的）的常见特征、疾病发展的几个阶段、相关疾病预防等。疾病预防是老人都特别想听到的，对销售来说也非常关键，所以现场一定会讲解他们的保健品是如何帮助老人预防这些疾病及在治疗过程中如何帮助快速恢复健康的。但他们不向老人现场兜售产品，而只是以退为进地给老人建议：有条件的可以尝试着吃一点，吃几天看看有没有效果。并且现场会给每个到场的人送一两个独立的小包装，看起来非常精美，同时有非常全面的关于产品功效的口头介绍。

为了让现场的老人相信这是一个公益讲座而不是产品销售会，他们会提前根据到场人数设定限量产品（约为到场人数一半以下），以供“有条件的人可以尝试吃一点”，这是一种变相的“饥饿营销”。这时，下面的销售人员早就将特制的优惠券递送给老人，并说是他特意帮老人抢来的，该优惠券只有当天有效，今天不下手之后就可能要以更贵的价钱购买了。他们会劝其签名抢先预购，有时候还会软磨硬泡要老人先签字或预付 10 元钱保留这个优惠到第二天。实际上，销售人员都会争取在当天将商品送到老人家里，并在老人付款后第一时间当面帮老人拆开包装，以防反悔。更有销售人员陪同老人一起去银行取款，当场完成交易。

对于所有的销售人员来说，这仅仅是第一步。因为老人们时间充裕，会经常在公园或小区某些地方聚集活动，所以销售人员说服已经成功购买用品的老人，让他们帮忙介绍更多老人来购买产品。平时，每个销售人员每天都要集中学习如何寻找优质客户，即有消费能力与社会影响力的重点老人（销售人员会继续调查老人的社交圈与个人影响力等）。不管这些重点老人是否购买了产品，销售人员都会抽出大量时间来陪他们聊天、买菜、做饭，甚至送水果，帮他们按摩、洗头、洗脚等。

很多老人最初都没有购买产品的意愿，但实在禁不住这样“糖衣炮弹”式的服务攻击，最后很多人都成为其产品的购买者与宣传者。

【套路分析】

人老了以后，智力水平呈现下降的趋势，这和身体机能的退化是一样的，是人类自然生长的必然过程。

也许年轻人没办法体会老人在他们那个年纪的生活感受，即使现在觉得老人的一些行为与思想有些不可思议，但当我们老去的那一天，或许也会成为现在的他们。

首先，不管怎么样，绝大多数的人都是怕死的，无论长幼。

因为新陈代谢缓慢，免疫力下降，在“大众保健”的意识日益增长的外部环境影响下，会加速老年人对疾病预防的认知过程，提高其对“养生或保健”的需求层级。何况现在城里的生活条件已今非昔比，大多数老年人或多或少都有养老金与医保，这使得他们更希望活得更有质量、更有尊严。

所有的保健品虽然在功能上不能替代药品，但“治未病”是中医推崇的养生手段，尤其是“药食同膳”。中药的成分大多来自可直接作为食物的动植物原材料，正规保健品所承载的辅助养生功能是被大众认可的，只是在实际的保健品销售场合中，销售人员普遍都喜欢采用“喧宾夺主”的方式，将辅助功能的保健品夸大为必不可少甚至故意误导消费者将保健功效替代药物功效，这个套路很容易让老人中招。

其次，老人的晚年生活普遍都非常孤独。

2018 年 4 月 9 日，北京师范大学中国社会管理研究院、国家行政学院社会治理研究中心及社会科学文献出版社共同发布《社会体制蓝皮书：中国社会体制改革报告 NO.6(2018)》，报告指出：截至 2016 年年底，中国 60 岁及以上老年人口有 2.3 亿人，占总人口的 16.7%，其中失能、部分失能老年人约 4000 万人，占老年人口 18.3%，空巢老年人占老年人口的 51.3%。

同时，各大城市都在大量吸纳年轻大学生，大量小城镇与乡村留下的清一色都是老年人。全国老龄办提供的数据显示，到 2020 年，中国失能老年人将达到 4200 万，80 岁以上高龄老年人将达到 2900 万，这必将对中国的养老服务和社会保障体系提出巨大挑战。

在城市里，大量年轻人都开始购置属于自己的个人房产，逃离那种“四世同堂”的传统生活环境。家庭单位越来越小，三口之家，甚至两口人的小家庭成了社会主流。国家卫计委《中国家庭发展报告（2015）》显示，超过 60% 的中国家庭由 2 至 3 人组成。这样的家庭规模，加上独生子女政策导致的“421”家庭结构，使得家庭的养老功能大大弱化，长期照护失能、半失能老人更成为难以承担的重担。

另外，老人容易被忽悠花很多钱去购买保健品，有几点原因。

一是出于期待心理，渴求保持健康的身体，总希望保健品真的能够控制或治好自己的老毛病；二是源于恐惧心理，人老了，总会有种担心，担心某种疾病严重起来导致重病甚至死亡；三是从众心理，总觉得那么多人去购买，还是有一定用处的；四是名人效应，各种号称“中央首长”专用的养生品与“专家”推荐，觉得不会有错就买了。

随着人口的涌入，大中城市医疗资源紧张，人们各种大小病都涌向中心医院，医院规模越建越大，老人们即使有医保也疲于应对排队、挂号、问诊、化验、取药等复杂的流程，宁愿选择相信“保健品”能替代药品

（虽然“是药三分毒”深入人心，而保健品常常挂着“没有任何副作用”的标签）。

“三高”（高血压、高血糖、高血脂）成为老年人常见病症，由德勤咨询发布的《2020年健康医疗预测报告》中指出，中国有3.5亿例“三高”患者，若不考虑一个人同时患有两高或同时患有三高的情况，几乎占据总人口的四分之一，而面向老年人的保健品销售，通常都是首先通过免费测量“三高”来获得客户的信任的。

根据蛋壳研究院2018年年初发布的基层医疗调研数据显示：基层医疗在我国整个医疗卫生体系中的占比高达95%，涵盖了社区卫生服务中心（站）、乡镇（街道）卫生院、村卫生室及门诊部（所）。随着城镇化建设进程加快，农村人口在逐年减少，村卫生室数量相应减少。基层医疗机构数量虽占比高达95%，但诊疗人次占比仅为55%；而数量占比仅为3%的医院，诊疗人次却高达41.2%。可以想象三甲医院承载了多大的医疗压力。老年人作为医院的主要服务群体，一旦患病，恢复周期长，需要占据更多的公共医疗资源，难免造成医疗资源紧张。

另据普华永道的《新进入者与新医疗经济》调研报告中的调研数据显示，2017年一年内38%的消费者在有医疗需求时却放弃了医疗服务，除了症状缓解的主要原因外，工作时间冲突、家庭事务时间冲突、经济条件的考虑分别占了51%、35%与28%的比例。同样，这中间还包含了一部分回家服用药物同时寄望保健品“以养代治”的老人。

正是基于当今社会的这些特征，抓服务促销售的保健品销售套路，成为老年人精神寄托的一个好去处。在很多保健品销售人员的服务攻势下，很多老年人不时发出感叹，说那些经常陪他们聊天、买菜、做饭的保健品销售人员才是他们的亲孙子、亲孙女，甚至比亲孙子、亲孙女还要好。

保健品销售中会议营销（公益讲座）与营销过程中所制造的“饥饿营销”策略并没有多少值得诟病的地方，它就是一种非常奏效的营销套路。

最后，别有用心的保健品销售机构是存心诱骗老年人群体的。

历史的车轮永远只有一个方向，老年人依旧生活在滚滚朝前的时代轨道上，除了陪同龄人去广场舞和公园唠嗑，他们依然处处都要跟年轻人打交道。

年轻人永远是时代的弄潮儿，在不停地改造新时代，创造属于他们的世界。

同时，他们有一些人在拼命想赢得一份工作、赚取一桶金的路上，将目标瞄准了庞大的老年用户群体，这个群体相对于他们来说有些呆板、思想落伍但对身体健康极为敏感。他们紧贴老人们过往的健康认知，不断创造新概念，吸引老人们为此买单。

随着生活水平不断提高，很多老人退休后都有不菲的养老金，也有很多老人子女常年不能待在身边，而其子女则选择定期或不定期给老人钱财“尽孝”，老人们普遍也不想给子女添麻烦。这类“消费结合理财”就成为一些非法机构吸引老年人“投资”的套路。

销售机构利用保健品的健康概念和服务中的情感套近乎，再结合“养生即投资”的所谓原始股高回报吸引老人消费，尽管保证书连公司公章都没有，也依然能让不少法律意识薄弱的老人上当受骗。

通过所谓的合法“专家”现场解说，用一堆堆相对前沿的概念迷惑老人。这些可能属于“三无产品”的保健品披上了“高科技”的外衣，例如，前面提到的“肽”产品，一来其公司无法从国家食品药品监督管理局的网站上查到，二来其产品配料表显示的主要配料包括胶原蛋白肽粉、大豆肽粉、核桃肽等，其实质就是普通的食品，而且多肽本身是蛋白质经过分解之后的成分，没有治病功效，却被这些非法保健品销售机构包装得非常玄乎，冠以生物科技与新技术、新产品的名义给老人们“洗脑”。

购买保健品赠原始股的情况已经完全属于骗局。原始股原本是指公司上市之前，利用股权换取资金的一种手段，是公司在上市之前发行的股票。即便是真正的原始股，合法的公司，也不是谁想得到就可以得到的。目前国内的公司上市制度是核准制，并不是谁想上市就能上市的。

因为国内股票市场的特殊性，新股上市普遍能收获高溢价，原始股听起来确实带有发家致富、财富暴增的潜力，对于那些金融知识薄弱的老年人群体，确实是巨大的诱惑。在所谓的“原始股”骗局中，这些公司一般都会声称自己的公司规模庞大、很快就要上市，并制造出一种原始股数量稀缺、要赶快下手的疯抢氛围，给他们一种“再不买就买不到了”的紧张感。

例如，2015 年 10 月，沈阳万通国际集团以配送原始股为饵，高价销售保健品、饮水机等产品，3096 名群众参与购买其股票 1244 万股，涉案 1.3 亿元。2017 年 4 月，数十位老人去听“华夏老年网”现场讲座，其中一位老人一次性买了 5 份总价近 15000 元的“源力德”同价值原始股。

〖套路破解〗⊘

首先，商业社会没有免费的午餐，“羊毛出在羊身上”是众多企业备受推崇的商业策略。

免费测量“三高”、来（登记个人信息）就送随手礼、“专家”免费义诊早已成为保健品销售团队惯用的套路。现在城里的绝大多数老人根本就不缺购买这些免费服务与礼物的钱，但只要看到“免费”，就很难阻挡他们不为蝇头小利“出卖”自己的个人信息。个人信息的透露正成为这些销售渠道深度挖掘用户消费能力的最重要依据。

生活中并不只是老人，一些年轻人也一样，他们很多时候也四处为各种免费赠送的服务与礼品而“出卖”自己的个人信息。

所以，唯一的破解之道就是拒绝免费诱惑，要相信天下没有免费的午餐。

在年轻人的意识中，培养“为任何有价值或有意义的服务主动买单”的意识似乎应该提上日程。能用钱解决的问题就不要用人情，免费获得了相应的物品或服务就应当立即回报，而“不是吃人家的嘴软、拿人家的手短”，自己制造出不平等并处于弱势的心理，然后经不起对方的强势说服而产生不必要的“花钱买教训”。

五花八门的名头与各种来头的“专家”也是很多商家强力洗脑的工具，利用所谓的“专家”做宣传，通过“专家讲座”“专家义诊”等形式，打消老年人的顾虑。老人们往往相信“专家”的权威，相信“专家”所言一定真实，于是疯狂购买“能治病”的保健品。

其次，夸大保健品功效，利用人们普遍乐于接受的“把疾病扼杀在襁褓中”也是惯用的套路。

当老人们对保健品治疗功效心生怀疑时，为了打消老人们的顾虑，销售人员会用大量相关的案例绘声绘色把产品包装成为“吃了××保健品后摆脱了疾病困扰”“吃了××保健品后健康多活N

年”“不给家人添麻烦的产品”等。于是，几十元甚至几元成本的保健品或食品摇身一变，成为“万元珍品”。

绝大多数保健品并不具有治病的功效，如果有，那可能是老人们通过良好的保健品销售服务过程中享受的舒适感、获得能“治病”的“灵丹妙药”的满足感及由此带来的对未来生命更健康更有质量更有尊严的希望，使身心变得更乐观，从而影响内分泌系统而发生的奇妙变化。

而这些，明明是很多晚辈能够给予的，却往往被用金钱来搪塞。所以，亲情陪伴的缺失也成为保健品销售机构充分利用的时机。

再次，所有的保健品销售套路中，服务是一张非常有“杀伤力”的牌。

各种与老人套近乎的温情攻势，比如拉家常消磨时间、嘘寒问暖、买菜、洗脚按摩、倒垃圾等，常常让老人防不胜防轻易交出自己的个人信息及家庭信息，最后可能会让老人愿意交出所有积蓄为其保健品买单。

另外，还有大量的赠送、补贴、保健变理财的套路，以公司打开市场、庆典为名，或借国家的政策打擦边球突破老人的心理防线，利用老人不善于求证、容易被“权威”征服等特征，实施其套路。

免费的永远是最贵的，天上不会掉馅饼，只会掉下东西砸出陷阱。年轻人要鼓励老年人勇敢走进社区卫生室、卫生院及正规医疗机构，遵听医嘱。所有以免费送礼品、高额回报为诱饵的售卖保健品行为，都要谨慎面对，避免上当受骗。

所有的免费都是套路的第一步，最终无非都是让客户花更多的钱去购买利润率更高的产品，从而把“免费”的部分成倍地弥补回来。

医学认为老人容易上当受骗与大脑理性中枢退化有关。人到老年，负责大脑总指挥的前额叶逐步退化导致逻辑判断与推理能力减弱。人的前额叶发育最迟却又老化得比较早，这就是老人和孩子都容易上当的生理原因。

在写这本书的过程中，一个温州的朋友向我吐槽，说她的妈妈看到身边有其他老人花几千元去社区的一个保健知识免费讲座上买一种治胆结石的药（3 个疗程，平均下来一盒药超过 300 元），听说挺有效，也想买。朋友刚好回家办点事，发现老妈的想法后立即用手机搜索药的情况，结果发现网上正规渠道的价格才 30 多元，于是去跟老妈沟通，好不容易才阻止了老人被套路。最后她妈妈还嘱咐她，叫她别在网上买，说怕买到假药，自己去药店刷医保卡购买。

网络售药早已放开，正规电商渠道买到假药的可能性比那些社区免费讲座上买到假药的可能性小多了。线下能把正常零售价才几十元的药卖到几百上千元，想想这免费讲座的套路真是深得可怕。

所以，针对老人的所谓保健品的免费套路，最好的破解方式就是子女多抽时间陪伴老人，多沟通，及时制止他们的冲动消费行为。如果老人缺少子女陪伴，建议聘请养老护理专业陪护人员或者让老人进入养老院等有专业服务的场所。

第七章

馅饼？陷阱？傻傻分不清

“少一些套路，多一些真诚”，这一句常见于年轻人的社交表情包，却是很多人的心声。

人之初，性本善。人们天性中的善良，首先表现出来的是信任，相信身边的人和事，相信世间的一切美好事物。

只是，善良在不法分子那里，却成了可利用的“弱点”。他们冒充我们平时最信任的权威代表，肆无忌惮地像疯狗一样吞没人们的善良，尤其是刚刚进入社会的年轻人和开始跟社会发展趋势脱节的老年人。

下面，我们将通过电信诈骗、网络诈骗、网络购物等几个案例，来分析那些不法分子是如何利用各种伪装身份来夺取人们的财产与危害人们的生命安全的。

案例一

伸向年轻人的魔爪

2016 年 8 月 21 日，山东临沂 18 岁的准大学生徐玉玉在学费被骗光后伤心欲绝，郁结于心，最终导致心脏骤停，虽经医院全力抢救，但仍不幸离世，此案轰动全国。

徐玉玉生前报警电话内容如下：“喂喂，你好。今天下午有一个人，打电话说是教育局的，让我给另一个电话号码打电话，说是国家财政部给拨款，说是助学金，让联系这个人。然后他给了我一个电话号码，让我打那个电话号码，我打了之后……然后就被骗光了学费”。

2016 年 8 月 19 下午，打到家里的一个电话让徐玉玉欣喜不已。家住山东临沂的徐玉玉考上了南京邮电大学，由于家庭困难，她之前向教育部门申请了助学金，这个来电是来通知她马上就可以领到这笔助学金的。

这个自称教育局工作人员的来电是从江西九江打来的，经过一系列分工协作，成功以发放助学金的名义指导徐玉玉从自己的银行卡里取出所有现金，然后存进指定的“助学金账户”，而后立即被团伙从福建泉州的一个柜员机取出。

随后又传出女大学生小芹 2016 年 8 月 19 日也遭遇了电信诈骗，骗子冒充警察称小芹涉嫌非法洗钱要求彻查资金来源，情急之下小芹把 6800 元学费全部转出，事后才意识到受骗。2016 年 8 月 23 日，一名即将开学的大二男生遭遇电信诈骗后在家里猝死。

至 2016 年 8 月 29 日，该案嫌疑人 7 人全部落网。

【套路分析】

电信诈骗，一个已经横行了几十年、每年都要被媒体披露多次的诈骗方式，依然还会有人继续中圈套。

2018 年年初，陕西警方抓获一个电信诈骗团伙，该团伙通过掌握的用户信息，以更改考试成绩为幌子，设计了 380 个剧本（套路）实施精准诈骗。

2018 年 8 月，上海长宁区 50 岁的周某，被诈骗分子洗脑自己涉嫌违反通信法规，手机号涉及诈骗案件，需要按照对方的指示操作并且不要相信穿着制服的警察，并需要在每次对话后删除记录。经过警方先后 12 次上门劝说并将其带到派出所谈话，周某才终于醒悟，登门来苦口婆心劝自己不要上当受骗的是真警察，自己被诈骗分子恐吓洗脑了，血汗钱差点保不住。

电信诈骗中，跨境诈骗成为重点，诈骗团伙所使用的设备及人员散布在全国各地甚至世界各地，境外诈骗境内取现等作案手段给案件侦查带来了难度。

而今大多数的电信诈骗跟以往群发短信诈骗有所不同，由于个人信息泄漏，诈骗分子能够掌握到某些重要的个人信息，例如银行卡号甚至某次具体的购物行为等，这些信息成为唬住受害人的关键。

高中毕业，刚进大学，正是青春焕发开始培养独立性的关键阶段。涉世未深的年轻人带着对未来的美好憧憬开始融入社会，处于一种拥抱社会的放松状态，所以对社会上的各种“套路”没有很好的警觉性，不善于识别。

诈骗分子不断翻新诈骗手法，利用社会热点，精心设计套路，对受害人进行欺骗、引诱、威胁，针对不同群体量身定做、步步设套，令人防不胜防。

〖套路破解〗⊘

诈骗者无论冒充什么部门什么人，所有通过电话指导受骗人取款、转账、存钱到其他未知账号的行为，全都是骗局无疑。

助学贷款是需要学生先到学校报到，然后通过学校来向银行申请的一种不向学生个人直接受理的特殊贷款。如今移动网络如此发达，打开手机搜索国家助学贷款，全国学生资助管理中心的官方网站上非常明确地指出了贷款流程。而这些开学前的所谓助学贷款，与官方流程明显不符。

从 2016 年 12 月 1 日起，全国范围所有银行自助柜员机转账都默认需要 24 小时到账，当时虽然给一些正常办理业务的人带来不便，但 24 小时的“后悔期”可撤销，对电信诈骗形成了强烈的打压。

但是针对 24 小时“后悔期”可撤销转账，又有了新的诈骗套路：骗子以当天自助柜员机取现额度用完了、还要继续取现金为由，提出向同时取款的其他自助柜员机转账。而要他人帮忙取款后给骗子现金，等这个帮取现的人一旦离开柜员机，骗子立马操作撤销之前的转账。

中国人民银行 2019 年 3 月发布的《关于进一步加强支付结算管理防范电信网络新型违法犯罪有关事项的通知》规定：通过自助柜员机具为个人办理业务时，可在转账受理界面以中文显示收款人姓名、账号和转账金额等信息，并以中文明确提示该业务实时到账，由客户确认，可不再执行自助柜员机具转账 24 小时后到账的规定。

不论电信诈骗如何翻新，永远要记住一点：任何时候都不向陌生人转账汇款，熟人之间转账汇款请先主动打电话确认。对于冒充公检法等机构的电信诈骗，请相信这些机构从来不会打电话提前通知你，好让你有时间跑路，更不可能在电话里帮你搞定所谓的麻烦事。

如果有人要你帮忙取现，就务必在确认自己的银行卡收到钱后再取现，绝对不可以先帮对方取现然后再等对方给你转账。

当然，最好是拒绝这项帮忙，因为现在的移动支付方便到早就不需要用那么多现金了。

惊险再现一场电信诈骗

2017 年 8 月底，网友“Vae 爱你好”（以下简称 Vae）通过百度平乡贴吧发出一段电信诈骗经历（详见百度贴吧 http://tieba.baidu.com/p/5289643535），完整再现了整个电信诈骗过程，非常值得一看（稍有整理）。

第一阶段：恐吓设套锁定目标。

8 月 22 日上午，Vae 在办公室通过固定电话接到一个来电，对方自称是北京电信的工作人员（以下称其为 Z1），并说这个号码存在风险要强制停机，询问机主在不在。Vae 如实向对方说出了公司负责人的名字，并说老板不在。然后对方问了 Vae 的名字，Vae 主动问及是什么原因导致这个号码要强制停机，Z1 说在 Vae 名下有一个归属地为武汉电信的手机号码涉嫌从事违法犯罪行为，每天发送大量中奖信息。（注意：这里骗子已经从固定电话机主转移目标到接电话的 Vae 了，Vae 却没有察觉到。）

Vae 感到吃惊，于是向对方表明从没去过武汉，对方说的这个号码也不可能是自己的。

不料，Z1 说这种情况可能是 Vae 的身份信息被人盗用了，然后问 Vae 有没有丢过身份证或者将个人身份证借给他人使用，Vae 确认没有，Z1 说这个号码是在武汉市江岸区解放大道 55 号电信营业厅办理的。（这个时候，Vae 的思路就已经被 Z1 控制了。Vae 的回复也基本上偏向于怀疑自己的身份信息被盗用，也就是说，此刻 Vae 已经进入 Z1 设计的圈套。）

对方进一步向 Vae 传递更多信息，说这个电话号码绑定了一张尾号为 5616 的工商银行卡，银行卡的开户地同样也在武汉，并敦促 Vae 赶紧向武汉当地公安机关报案处理，以防犯罪分子再次利用 Vae 的身份信息从事非法活动并造成不可挽回的损失。

同时，对方说没有公安机关的证明，不能帮 Vae 注销这个手机号，并强调：如果因虚假、诈骗短信引起刑事案件，Vae 是要负法律责任的。（接收到这些信息，Vae 已彻底对 Z1 放松了警惕，认为 Z1 是在帮自己处理一起可能影响个人重大利益的潜在犯罪事件。）

Vae 听到这些，只想赶紧注销掉这个手机号码，并且根据 Z1 提供的“警方”联系方式请求协助调查是哪里泄露了 Vae 的个人身份信息。

在让 Vae“报警”前，Z1 还特意要 Vae 用纸和笔来记住这些关键信息：那个被他人办理的电话号码、注册时间、地点及那个绑定的工商银行卡尾号，且一再跟 Vae 确认。

第二阶段：团队作战诱“敌”深入。

逐渐进入圈套的 Vae 完全没有意识到这是一起电信诈骗的开始，并且在电话里一再对其表示感谢。Z1 的“服务态度”非常好，说为了提高效率快速帮 Vae 处理这起问题，他可以通过内部系统直接将电话转至武汉市江岸区公安局。

电话接通后，Vae 向对方说了一下报案情况，对方是个男性（以下称其为 Z2），说话铿锵有力，富有节奏感：“这位同志，我是武汉市江岸区公安局警官霍锋，霍元甲的霍，锋利的锋，警号是 ××××，现在拨打的电话是 027××××××××”。

Vae 听到对方主动报告警号与姓名信息，完全放松了下来，以为找到了能帮自己解决问题的“组织”。

Z2 问 Vae 在什么地方，周围有没有人。Vae 回复说在办公室，旁边有个同事。

Z2 提示 Vae 知不知道他自己在做什么，做笔录之前，要防止外人干扰，以免出现假笔录或笔录失误。

Vae 向 Z2 表示，同事不知情。Z2 叫 Vae 先不要挂电话，要 Vae 用手机拨打 027114，查询武汉市江岸区公安局的电话。

Vae 说现在不是已经在跟公安局这边通电话吗，问为什么要查电话？

Z2 回复：这位同志，你是嫌麻烦吗？我们通话都有录音，这是程序。Z2 一直以一种不容置疑的语气说话，颇具震慑力。

查完电话，Vae 对了一下 Z2 提供的号码，完全一致。

（这是诈骗团伙为了进一步增强受害人对他们“身份”的信任，不让其对他们的所有行为有任何怀疑，增强下一步套路的有效转化。）

Z2 要了 Vae 的手机号码，并询问了手机型号，说要对手机进行全面检测。并提示：一会儿会有一个检测的电话打过来，先不要接，告诉他来电显示的内容。

同时,Z2 一再强调，正式做笔录之前要 Vae 带上笔记本、笔、充电器、身份证，独自到一个房间里，避免外人干扰。为了保证笔录的真实性，不得隐瞒任何事实。语气严肃得让 Vae 有点紧张。

Vae 问了对方一句：笔录大概要做多久？

Z2 的语气立马变得不快：这位同志，你是什么意思？你要不耐烦就过来局里录……

为了避免麻烦和节外生枝，Vae 赶紧说配合警方的调查，连连向对方赔不是。

（如果说生活是一场戏，那么这些骗子都是影帝。）

第三阶段：缓解用户情绪建立深度信任。

笔录正式开始。

“×××，你好！这里是武汉市江岸区公安局，我是警官霍锋，警号是××××”Z2 重复了一遍他的身份，“在录笔录过程中，如果有人找你要先跟我说，我们通话时间很长，中途可能会有广州当地的警察或电信部门打你电话，出现这些情况都要及时跟我说，另外，把你的手机网络和电脑都关了，以免出现信号干扰。”

Vae 照做了。

接着，Z2 详细询问了 Vae 的基本信息，包括身份证号、工作单位、学历等，并开始核对那个涉嫌违法的手机号码注册时间与地点等，向 Vae 确认是不是其本人办理的。同时强调警察只看证据，他们会去调查这个号码，如果调查清楚确实与 Vae 无关，自然会给 Vae 开证明注销掉。

Z2 继续问 Vae 最近有没有用身份证去银行办理业务或从事金融活动，Vae 如实告之去办过银行卡。Z2 继续让 Vae 回忆在哪些银行办理过哪些业务及就职过的公司，并表示越详细越好。（这是诈骗团伙在做受害人调查，以便确定下手要狠要哪种程度。）

考虑到 Vae 的身份信息可能被泄露，Z2 说要先检测一下 Vae 的身份证号码有没有在全国被大范围使用，并在电话中以对讲机呼叫的方式呼叫“检测中心”：××× 的身份信息可能被泄露，请在全国范围内查一下，有没有被大面积使用。

所有这些，都故意让 Vae 听得一清二楚。

Z2 一边等待检测结果，一边批评教育 Vae：你要感谢电信这个电话，自己的信息被泄露了都不知道。我们三番五次地教育群众如何保护个人信息，你们有没有听……然后讲了一大堆如何正确使用身份证及复印件，怎么保护个人隐私，并且在讲的过程中不时要求 Vae 复述 Z2 讲述的内容。

（彻底解除 Vae 的防备，这只是第二步。但更重要的是让 Vae 不断强化接收对潜在“受害”的个人信息泄露严重性的认知，认知的程度越深，为认知买单的可能性越大。）

第四阶段：“意外”发现重大案情。

大约十来分钟后，Z2 再次用对讲机呼叫“检测中心”的同事问检测结果。过了一小会儿，Z2 语气突然提高好几分贝：说，×××，你是不是还有什么没有交代？我一开始就说了，不能有任何隐瞒。

Vae 非常疑惑地表示没有任何隐瞒。

“现在，我再给你一次机会，你如实坦白是不是还有什么没有说？”Z2 的声音很大，说得 Vae 很紧张。Vae 一再确定，自己没有任何隐瞒的事情需要坦白。

Z2 再次跟“检测中心”的同事确认，确认过程中，让 Vae 听到了“非法资金 200 万”之类的话语。

“×××，我们查到在你的名下一个尾号为 5618 的工商银行账号涉嫌非法洗钱 200 多万，这是重大的经济犯罪案件，我要好好调查你。”Z2 继续对 Vae 发出警告。

Vae 一再强调，这个账号不是自己的，自己没有办过这样的卡。

Z2 表示，银行开户一定要本人亲自到场，不能听 Vae 的一面之词，要拿证据说话，并且一再强调这已经不是虚假信息诈骗的问题，而是非法洗黑钱，性质非常严重。他再次用对讲机大声呼叫同事：请立即调查 ××× 同志所用金融账户。

转过来他又对 Vae 解释，非法洗钱 50 万元以上要判 10 年以上……Vae 被 Z2 的各种专业术语搞得高度紧张。

（这个时候，已进入套路的关键节点。）

第五阶段：收网。

在 Vae 做辩解但对方仍坚持说他涉嫌犯罪洗黑钱的时候，Vae 开始怀疑对方。Vae 说自己的屏幕黑屏听不到了，对方说先挂断，要 Vae 等下继续接听。

Vae 赶紧下楼去派出所报案了。在派出所报案的过程中，对方仍不断打来电话，甚至在与民警对质的过程中开骂起来，并气急之下骂出方言来。

【套路分析】

这是一个典型的电信诈骗套路，这些套路几乎可被诈骗分子用于任何对象。

首先他们会用各种口吻套出你的名字、电话等个人信息，这其中的任何一条信息都可以成为他们开展“个人身份信息泄露”的核心元素。

接着就是吓唬受害人，个人被泄露出去的信息已被不法分子利用，危害社会安全，必须尽快处理。

当受害人怀疑时，他们会分工合作，采用另外的多种套路让你相信你的信息真的被泄露出去了，他们就是银行、电信、公安、法院等“权威机构”，是因为这些泄露信息被利用而找到你的。当你确认这些违法行为不是自己做的，他们就要求你必须立即协助调查。

然后在配合调查的过程中，不断继续设套，将莫须有的事件无限放大，并借用法律专业术语及可能产生的严重后果恐吓你，接着就是要你立即转账汇款帮你洗脱所谓的罪。

整个过程一气呵成，不给受害人一点灵活时间来寻求身边人的帮助。

而且每个人的分工非常细致，扮演电信客服的人员语气温和，态度友善，“警察”则语气威严很有震慑力，这都是他们长时间处心积虑为诈骗反复训练的结果。

2017 年，中国银联累计协助公安机关查办案件 3.18 万件，协查涉案银行卡约 92.36 万张，协查金额 4582 亿元。

大数据带来生活便利的同时，也使个人信息泄露风险倍增，电信网络诈骗花样百出。朋友圈晒照片时的定位可能暴露住址，连接免费 Wi–Fi 可能导致支付密码被窃，注册某些手机应用后即遭骚扰短信的疯狂“轰炸”……个人信息安全不断受到新挑战。

在电信诈骗中，超过 90% 是由于个人信息泄露导致，信息泄露成为犯罪的主要源头。

在 360 公司发布的《2016 中国电信诈骗形势分析报告》《2017Android 恶意软件年度专题报告》中显示，2016 年 8 月，360 手机卫士共拦截各类骚扰电话 34.3 亿次，其中拦截诈骗电话 4.45 亿次，平均每天拦截诈骗电话约 1435 万次。2017 年，360 公司协助北京公安局共同打造的猎网平台在 2017 年共收到全国用户提交的有效网络诈骗举报 24260 例，举报总金额 3.5 亿余元，人均损失 14413.4 元。与 2016 年相比，网络诈骗的举报数量增长了 17.6%，人均损失增长了 52.2%。

网络诈骗中大多数案件是骗子利用受害者安全意识低，防范能力不足而实施的。同时数据显示，绝大多数网络诈骗并不是通过高超的技术盗取受害者钱财，而依旧是靠“忽悠”。

几乎所有的手机 APP 应用都有几个共同选项：读取手机型号、读取位置信息、读取电话联系人列表……

“我换号码了，请惠存”“我是 ××，我换号码了，你记一下……”收到这样一个陌生号码的短信，你可能并不会在意，立刻将号码存为你熟悉的朋友。过几天，新号码又会发来短信：有事请你帮忙。一看是朋友或亲戚的名字，警惕心自然松懈。接下来，各种老套骗术上场，稍有不慎就会上当受骗。

前段时间我就收到过一条“这是我的新号码，× 姐”的短信，我姐住在新疆，可是发来的号码显示是江苏某地。我打开自己的手机通讯录看了一下，果然我在通讯录里保存我姐的电话号码时只备注名字为“× 姐”字样。我们平时安装了不少手机 APP，估计这次数据泄露跟某些 APP 读取通讯录数据脱不了干系。

“你好，我是 C 罗，这届世界杯你应该看了不少我的比赛，认可了我的实力。虽然我们踢得很好，但是球赛被赌球集团控制，我们后几场的比赛胜负已经安排好了。短信发给你是因为你之前参与过我们私人开盘的球彩活动，今年到底谁出线，胜负平如何购买，如何让你把控球盘一飞冲天全看你愿不愿意购买我 C 罗的消息，只需要 5 万元打到以下银行卡号 ××……”这是一条在 2018 年俄罗斯世界杯期间的诈骗短信。每当重大活动与节庆都是电信诈骗高发的时间段，假冒明星或名人、假冒网站、假冒票务交易、假冒竞猜、假冒直播等层出不穷。

这类短信诈骗已经有很多年了，也已经被大众熟知，但依然“有市场”，这说明了什么？说明总是有人想“走捷径”相信天上掉馅饼，很多人习惯了接受信息不加思考，或者说是傻傻的善良，把凡尘俗世过于理想化了，或者，因为时间的推移，新的“韭菜”又长成了。

收到更改电话号码类的信息后不要立刻保存新手机号码作为联系人，特别是非常熟悉的亲人或好友，需要第一时间通过原号码、网络社交工具或其他共同联系人等方式来确认其是否换号。换号的人也不要太懒，主动打个电话跟重要的亲友来声问候。

与熟人之间涉及直接的资金来往要特别小心，未经多种方式确认对方身份不要轻易转账。对一切通过电话、短信要求进行资金操作的情况，务必保持警惕。

另外，所有陌生号码短信中的网址一律不要点击打开。

2017 年年初，营口市的孟女士收到含有木马链接的短信，不慎点击后银行卡在 11 天内被盗刷 50 余万元。无独有偶，淮北市的刘先生收到一条写着自己真名的短信，并带有一个链接。刘先生收到误以为是熟人发来的短信，没多想就点击了链接，次日一早收到短信提示，银行卡先后两次被消费 1960 元，刘先生知道后赶紧联系银行将余额转出。

腾讯《2017 年互联网安全报告》指出：传统电信诈骗已升级为移动木马诈骗。诈骗分子都在不断应用新技术，你还在原地踏步故步自封吗？

传统的电信网络诈骗中，作案手法单一，近两年发生的多起诈骗案表明：最新骗术已将木马病毒和电信网络诈骗常规手段相结合。譬如，“假冒公检法”诈骗中，不法分子会先给用户拨打诈骗电话，然后通过伪造的“通缉令”骗取用户信任，进而要求或威胁用户向“安全账户”转账。腾讯的报告显示，在 2017 年最常见的诈骗短信类型中，恶意软件、欺诈网址的占比位居第二，达 11.68%；腾讯手机管家 2017 年全年共拦截恶意网址超 1067 亿次，查杀病毒 12.42 亿次。而鉴于短信较为隐蔽的特性，木马病毒、恶意网址往往会以链接的形式内嵌其中。同时，不法分子会以各类名义诱骗用户点击，导致用户手机被植入病毒而被控制，或者通过拦截网银等支付验证信息在用户不知情的情况下完成转账，给用户造成财产损失。

腾讯《2017 年互联网安全报告》还显示，2017 年免费 Wi-Fi 数量为 3.36 亿，风险 Wi–Fi 占比为 11.36%，其主要攻击行为包括 ARP 攻击（Address Resolution Protocol，地址解析协议，主要是局域网中若有一台计算机感染 ARP 木马，则感染该 ARP 木马的系统将会试图通过“ARP 欺骗”手段截获所在网络内其他计算机的通信信息，并因此造成网内其他计算机的通信故障）、虚假 Wi–Fi（中央电视台曾经在“3•15 晚会”现场演示了黑客如何利用虚假 Wi–Fi 盗取晚会现场观众手机系统、品牌型号、自拍照片、邮箱账号密码等各类隐私数据，这也让所有手机用户对公共 Wi–Fi 上网安全产生了恐慌）、DNS 欺骗（Domain Name System 域名系统。DNS 欺骗就是攻击者冒充域名服务器的一种欺骗行为。原理如下：如果可以冒充域名服务器，然后把查询的 IP 地址设为攻击者的 IP 地址，这样的话，用户上网就只能看到攻击者的主页，而不是用户想要取得的网站的主页，这就是 DNS 欺骗的基本原理。DNS 欺骗其实并不是真的“黑掉”了对方的网站，而是冒名顶替、招摇撞骗）和 SSLStrip（Secure Sockets Layer Strip，利用用户键入网址的习惯进行中间人攻击）。

〖套路破解〗⊘

在 Vae 这个电信诈骗案例中，有太多的破绽可以发现，但太多的人习惯了不思考！不思考的结果就是来个诈骗电话立马被唬住。

破绽一，对方根本就不知道你是谁，大多数时候电话号码不用泄露也可能成为他们随机拨打的对象，所以他们会想方设法要你自己告诉他们你的名字、身份证号码等信息。即便确实发生个人信息被泄露后被不法分子用去做违法用途了，所有的报案动作也不可能直接通过电话来解决，而是你必须亲自到派出所去，或者警察登门来做记录。所有的报案都应该是在你本人即时所在地，而不是外地派出所或公安局。

记住，所有违法的情况一旦发生，都会有专门的警员来你的居住或工作场所请你去配合做调查，而不是提前电话告诉你可能犯事了。而银行、电信等部门，则会告诉你多长时间内（少则几个工作日多则几个月，绝不是立刻）带上相关证件等材料到离你最近的营业厅去处理。

破绽二，银行怎么可能通过所谓的内线直接把你的电话转到公安局或其他单位呢？不存在的。诈骗分子明显是为了快速高效行骗而采用所谓的转接。

有了上面两点，基本就不需要其他来印证其诈骗的套路了，你只需挂掉电话，然后报警。

破绽三，如果个人信息被泄露出去并被利用做了违法的事情，公安局没有权力帮你注销电话号码，而是要你自己去运营商营业厅办理注销。

还有更多方面，如果对方要你关掉网络，选择安静的房间避免干扰，是担心你继续搜索更多资料发现问题，或者被身边的人听到后指出破绽，这在电话“办案”过程中简直是无稽之谈。对方会一直牢牢控制话语权，不容你有多余的独立思考空间，比如在说话的时候他会不时地问你他说了什么，让你复述，并且还时不时地教育你一番，目的就是不让你分心，牢牢跟着他的套路走。

不管是谁打来的电话（不管是陌生人还是以公安局、法院、检察院等公检法机构名义），所有说能够帮你解决金钱与违法等问题的电话，无论是关心还是恐吓，都是诈骗，请对此类电话和短信一律拉黑。

在这里，我总结了几个常见的电信诈骗套路，供大家参考。

套路一：你的银行账户资金异常变动。

骗子通过某些非常规手段窃取了受害对象的网银登录账号与密码，通过购买贵重金属、境外消费、活期转定期等操作制造银行卡上有资金流出的假象。然后他们假冒银行客服打电话确认是否本人操作，并以帮助用户退款为由骗取用户信任。最终通过一系列电话遥控受害者进行自助柜员机转账，或者向受害人索要登录网银的短信验证码进行转账等，骗得钱财。

套路破解：不要相信所有打给自己的涉及资金的电话，而要主动拨打正确的银行官方客服电话确认是否属实。骗子常常不给你时间思考，而你不能遇事就慌乱，即便事情严重得像是天要塌下来，还请挂掉电话，你现在该吃饭先去吃饭，吃完饭再去主动找到银行机构的官方电话号码打电话核实。

套路二：你涉嫌洗钱、涉嫌违法、涉嫌非法集资……需要负刑事责任。

简单来说就两个字：恐吓。

套路破解：如今在城市与街道的每个角落都布满了摄像头，如果真犯事了，请坐在家里等权威机构穿着制服带着证明的工作人员上门提供服务，当然最好是主动打个 110 告知一下自己犯了啥事。

“涉嫌”是一个听上去很可怕的词吗？肯定不是，洗钱、违法、非法、刑事责任等才是。这么严重的事情，竟然会有人先给你打电话告知？你接到电话被吓跑了抓不到人怎么交差？

套路三：你网购的商品断货，请申请退款。

骗子掌握了受害人的网购信息，通过诱导受害人登录他们设计的页面（钓鱼网站）输入银行卡号与密码等信息或直接在电话里套取用户银行卡信息，然后索要验证码转移用户的钱财。

套路破解：目前正规的主流购物网站如果确实存在退款，只需进入已购买的商品页面点击“申请退款”即可，一般不会还要再输入银行卡之类的信息。也不要通过购物平台之外的第三方社交工具及电话与对方沟通。

套路四：您乘坐的 ×××× 航班取消了。

现在出门坐飞机的人越来越多，这一类诈骗越来越盛行，受害人被骗子以改签退票等为由，引入钓鱼网站进行所谓的退款操作进行转账汇款。

套路破解：正常遇到航班取消的时候，当时预订航班的手机号码肯定会收到短信而不是电话。而且在短信上，肯定会告知一个 95××× 五位数的短号码或官方 400 号码，如果手机上装有号码识别软件，会非常明确提示该号码是否是该航空公司。另外，机票退改签服务，一定要通过航空公司、正规票务代理商的网站或服务厅办理，一定不要怕浪费电话费，要主动打电话给航空公司来处理。正常的退款流程中，钱是原路退回当时支付的银行卡，非银行卡的现金业务则需要到服务台办理。

套路五：小三怀孕了，急需钱做流产。你的儿子/孙子住院急需钱做手术……

这类诈骗的目标对象竟然是老人！可想而知，个人信息泄漏有多严重才能让诈骗分子想到这个让人难以启齿的说辞。骗子充分利用老年人心疼儿孙的特点，诱惑受害者转账。骗子在骗术上不断翻新与改进，让很多人掉入陷阱。

套路破解：不要轻易相信陌生人打来的电话，尤其是急事急需打款。再说，不管是做手术也好，小三流产也好，一家人的事有什么不能立即跟家人打电话确认的呢？

还有更多其他类似于“领××补贴”“缴所得税即可送苹果手机”“领取助学金”等天上掉馅饼来电，“国际刑警要求配合调查”“信息泄漏导致违法行为”的恐吓来电，以及其他所有让当事人通过一个电话就掏钱的来电，全都是诈骗的套路。破解这些套路要做的方法很简单：拒绝相信所有陌生号码的来电，不向陌生人汇款，要主动通过正规渠道求证。

随着智能手机的普及，很多手机自带来电识别系统，会自动对判断为诈骗或广告的电话号码进行屏蔽。如果手机系统不带此类系统，请大家记得下载一个手机安全应用，并在接到诈骗电话时，标识一下以便告诉更多人。

个人信息泄露是非常常见的事情，不管对方掌握了多少重要信息，你都要记得，所有在电话中涉及钱财转移与涉嫌犯罪的陌生来电，一律以最快的速度拉黑、屏蔽、报警。

得不偿失的刷单刷信誉

2018 年 6 月 12 日，在家做全职太太的小吴在 QQ 上突然收到一位很多年都没有联系的好友发来的问候。一阵寒暄后，对方发来一个链接，并告诉小吴，他在做一件简单且赚钱快的网店刷单兼职工作，他目前就是靠这份收入生活。

小吴虽然自己没有收入，但老公的收入还算可以，只是养小孩的开支很大，还是想自己也能分担一份家庭收入压力。由于从来没有接触过网络刷单，一开始她有点犹豫。不料对方又发来几句："一般人要十天半个月的审核时间，你现在填张表，我马上要管理员帮你走特别通道审核通过。"

于是小吴就点进去，并按要求填写了包括支付宝账户等信息，果然，对方几分钟后就立即反馈，说通过了审核。

当天晚上 9 点左右，小吴接到了对方的消息，称晚上是购物高峰，也是刷单最集中的时间，现在有一个连刷 10 单的任务。对方给了她一个链接，要求小吴按照对方指示，点开链接进入一家店铺，拍下商品，不用付款，截屏发给对方。对方接着就发给小吴一个付款二维码。但小吴扫码付款失败了，紧接着对方给了小吴一个某商城收银台付款链接，小吴点开后提示付款 180 元，对方向她解释说这样付款就完成了 1 单。按照同样的流程，在小吴完成 2 单后，对方立即通过支付宝向小吴支付了 40 元佣金，并告诉小吴，刷单的费用第二天就会退回到她的支付宝账户里。

收到了所谓的佣金后，小吴感觉花费几分钟刷单就能赚几十元，于是主动配合对方刷了另外的 2 单。

在刷完 4 单后，小吴再找对方要佣金，对方解释说这个是 4 加 4 的任务，要求小吴第二天再刷 4 单再一次性结算佣金，并一次性退还全部刷单费用。小吴卡里没钱可刷了，她感觉不对劲，有点慌了，说后面刷 2 单的佣金不要了，要求对方退还刷单本金。但对方发来几个截图，说其他人都是这么刷的，既有刷 8 单的截图，还有刷完单后给佣金的对话截图及第二天刷单人员收到退回刷单费用的感谢对话。同时对方还很严厉地告诫说，如果不刷满 8 单的话，公司这边就不能立即退还本金，要优先处理其他刷单用户的。

为了防止前面刷单的本金打水漂，小吴选择了相信对方。对方告诉小吴，如果现在再继续刷 4 单的话，明天上午上班就可以申请退回所有刷单本金，并可结算刷单佣金 120 元。小吴想着第二天上班就能拿回本金，所以又接着刷了 4 单。

等到第二天上班时间，小吴联系客服，发现他没有任何回应，而当时那个刷单商品页面的链接也打不开了，这才猛然醒悟，自己落入了一个骗局。刷单佣金没赚到，反而被骗 1400 元。

【套路分析】

很明显，这种“赚钱快”的工作都是骗子利用大众好逸恶劳的心理设计的诈骗套路。

诈骗分子以开网店需快速刷交易量、好评、信誉度为由，招募兼职网络刷单员。他们承诺在交易后返还购物费用并额外给予提成，通过要求受害人在指定的网店高价购买商品或交纳定金等方式骗取钱款。

网络上滋生着刷单、办证等大量非法的诈骗行为，所有这些黄、赌、毒和造假的行为 100% 都是诈骗，无一例外。

〖套路破解〗⊘

网络诈骗几乎接近不劳而获，所以不管任何时候，政策如何高压打击，仍然会有大量的骗子藏匿于各种网络平台，用不断翻新的套路欺骗那些爱占小便宜的人，还有很多未成年人。

同时，生活中大量的“开小灶”“走后门”“享受特权”等不按规矩出牌的社会行为，也助长了类似诈骗的横行。

人们每天被海量的网络信息冲击，大量的信息都需要人们自己去判断。面对“从天而降”的巨大诱惑，如果我们抵挡不住自己内心的那份贪念，很可能就会成为为诱惑“买单”的那个人。

如何避免被这些网络诈骗套路呢？

第一，抵挡住优惠的诱惑。有句俗话叫作“贪小便宜吃大亏”，却有人想贪大便宜……在人与人交往的过程中，很多人常常抱有占小便宜的心理，恰恰就是这种心理使人们容易上当受骗，甚至误入歧途。所有的商场里，有大额度促销的地方一定是客流量最多的。但是网络上，所有超越官方优惠幅度的超值优惠与折扣都是陷阱，不管是 QQ 币特惠还是各种游戏币或其他非法办证等，100% 都是圈套在等你往里跳。

第二，不要轻易泄露个人信息。正规的网站都必须要备案登记才可以上线，并且基本都是公司行为，其公司工商注册信息是公开可查的。如果有官方微博、微信公众号且都是有企业认证的。所有网站或链接在提示需要注册或第三方登录（如允许QQ登录、微信号登录、百度账号登录等）时，务必先花几分钟来确认信息是否属实、是否有必要允许其网站读取个人信息。同时，在注册时需要避免在不同的网站使用其他网站相同的账户名称与密码，以防个人账户信息泄露后影响到其他网站平台账户的安全。这种用一个平台的泄漏数据套其他平台密码的手段曾经发生过，因此众多网站强行要求用户更改密码并不得与之前在其他平台上设置的密码相同。

第三，学会认清信息来源是否是官方平台。例如，按住打开的微信文章内容往下拉，可以查看文章的来源网址，或者选择“在浏览器中打开”，即可在浏览器中看到文章的来源网址。对于不熟悉或可疑的外部网址，一律谨慎以对，尤其是链接被提示风险的情况下，尽可能快速关闭其链接。

很多年前，有个热播电视剧叫作《不要和陌生人说话》，虽然这个故事主要是反映家庭暴力的，但这个名字还是给了很多人启示，连经常见面的人都“知人知面不知心”，更何况是来自于浩瀚的网络信息洪流中的各种陌生人的信息?

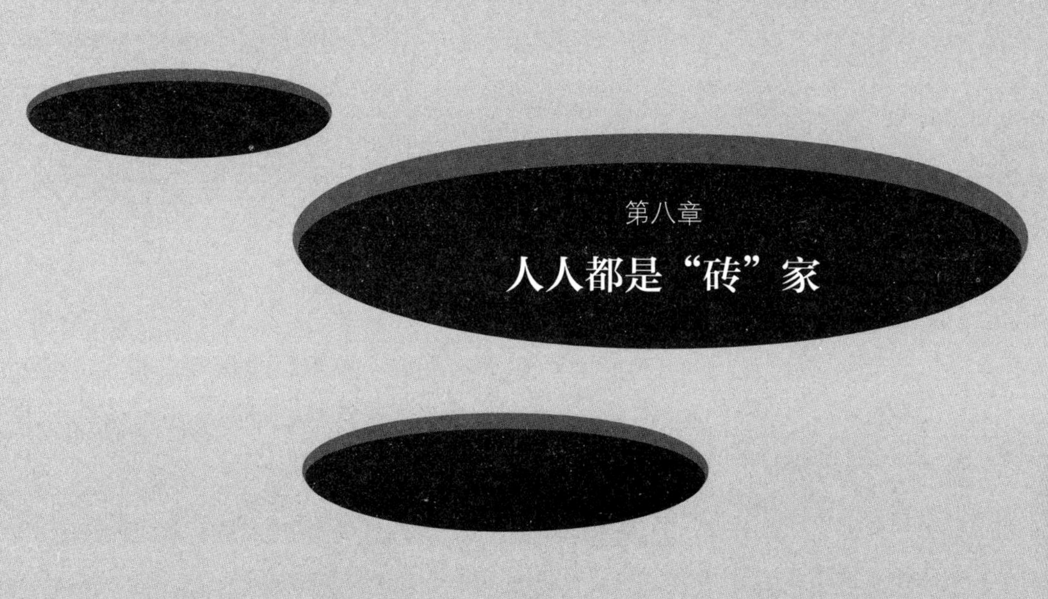

第八章

人人都是“砖”家

理财早已成为当今人们的广泛需求，除了银行与债券等传统理财渠道，股票与期货等“钱生钱”的金融投资，成为不少人的选择。

在这些金融投资的背后，有无数双比投资人贪婪的眼睛正盯着投资人手里挥舞的钱财。这些人可不是美国西部淘金热潮时为淘金人提供吃、住、行的服务商家，他们只是借提供“理财专家”服务的名义广泛向受众直接收取高昂费用，或者变着花样自设平台直指投资人的本金，进行疯狂诈骗的一群伪专家、诈骗犯。

本书的开篇就讲到了我们身边不断发生的套路贷和 P2P 非法理财的套路，这不但给人们带来了血淋淋的教训，甚至还成为社会不稳定因素。

下面，我们通过几个荐股、期货案例来分析看清一些人在投资领域是如何施展套路的。也期待所有不懂得股票、期货、外汇等金融工具的人，在接触新的理财渠道的时候，不要因自己的贪婪再被这些人套路。

神预测与大师分析靠谱吗

1. 真的有神预测吗

我的一位同学张某，在 2018 年年初经常有人通过 QQ 加他，说有牛股推荐，账户由张某自己操作。他们要求 10 万元本金起步，推荐的股票盈利后五五分成，亏损由他们补亏。张某觉得不靠谱，没怎么理会。但是对方接下来每天都给他发股票信息，基本都是在收盘后不久立即推荐当日建仓的股票，说第二天会涨甚至经常还有涨停，或者中午收盘后说下午会大涨，同时还会发几张即时成交的截图与转账图片并附言：×××× 股票，上一交易日 11.9 元买进，今日 12.5 元卖出，获利出局，你跟上操作了吗？

张某对此很是吃惊，特意观察了一段时间，感觉他们简直就是神预测。张某问对方为什么能够那么精准进行预测时，对方回复说他们有某证券公司的多名高级分析师坐镇，每天会对所有股票的走势及市场动向进行深度分析。接着又发来一堆股票的盈利截图及转账图，说是他们的 VIP 成员跟着他们做后收入颇丰，劝张某赶紧加入，接下来还有好几只股票将要大涨。

张某听到这些，又想到账号是自己在管理，只是跟着他们买股票，感觉没什么风险，于是答应先腾出 10 万元来跟着他们买股票。

很有意思的是，张某在第一天收盘前跟进买入的第一只股票，在第二天居然上涨不少，赚到了 1000 多元，对方提示卖出，并要求立即向其转账盈利的 50%，然后才能推荐第二只股票。张某很高兴地向对方转账，并期待着下一只股票继续带来盈利。

同样，在收盘前买入推荐的股票后，次日开盘时该股往上冲了2个点，然后随着大盘下跌立即转头朝下，直到收盘被套住4个多点，接下来又连续下跌。对方一直说看好，要加仓，要他不要卖出。过了两天又要他换仓到另一只股票，结果又连续下跌好几个点，再换……折腾不到两周，张某亏损将近1万元。

张某多次找该推荐员，要求兑现之前答应的如果亏损由对方补亏，结果对方直接把张某拉黑了。

张某这时候才反应过来是被骗了，这种荐股根本就是个圈套。

2. 遇见股票分析大师

早在微信公众号清理整顿股票推荐账户之前，就已经有大量所谓的高级“股票分析师”活跃在微博平台，更早期的则是活跃在QQ群与各类财经相关的论坛，这些人背后或多或少有团队在进行宣传推广。我也曾莫名其妙被拉进过一个所谓的“牛股私享圈”，里面有“老师”与股民零距离互动，帮助分析持仓的股票，解答一些股票相关技术问题，还帮助大家提示风险，看上去就像是“救星”。

当群内人数达到一定目标后，群管理员开始“收网”：在另外的群里，有什么波段女神、智多星、A股教父、顶级分析师、股市一哥等“牛人”开设的专属直播间，他们在线对大家手上的持仓股票与其他股票进行深度分析，指导买卖点，确保高盈利……前提是必须购买其VIP服务，服务的月费从888元、1888元到年费88888元、168000元不等。而这个当初用来引客的群每天发的内容换成了VIP用户的股票账户交易截图（当然是交易完毕显示盈利的那部分截图），不断吸引免费用户成为付费用户。

有一位多年做生意的朋友起初也是看到这些，先花了888元购买一个月的VIP服务，结果发现推荐的股票并不如当初宣传所言，管理员主动找到他，说服他购买2888元的服务，说那里的老师才是真正的专业分析师大咖，都是证券公司出来的老师，会有最新强势牛股布局、操作策略、个股分析、大盘分析等。这位朋友觉得应该是这样，更好的老师肯定收费更高，于是爽快地另外支付了2888元，加入到其指定的另一个所谓大牛群里。群里除了人数比较少之外，推荐股票的时候会多发一些分析内容，可是，这些分析内容很多都和股吧里网友的发言极为相似，有时候也和财经网站的分析文章一样，进群半个多月也没有推荐到真正的牛股甚至跟着老师的推荐买股被套住不少。

与此同时，这位朋友又同时被多位类似业务的陌生人加好友，什么免费领取牛股、每日一只涨停股等不同的申请加好友信息，拉他进入各种群。

他觉得自己的社交账号被盯上了，到处都是各种投资分析师的“助手”加他，也终于想明白，原来之前进入的那个群和购买的VIP服务就是个骗钱的套路，这些人个个都声称自己有最牛的专家或分析师团队，其实就是一群懂些股票的人瞎指挥买股票骗服务费。股票的短期走势如果都能和他们的分析一致的话，更多的是巧合，而不是必然，更不可能天天都能逮着牛股，而群里大部分人也都是他们自己的托儿。

【套路分析】

2018年6月13日，深圳龙岗警方出动450名警力在龙岗、龙华、宝安、福田及广州等22个抓捕点对一诈骗集团收网，共抓获300多人，冻结涉案资金4260万元。

诈骗集团的第一级公司，负责开发各种诈骗软件和虚假交易平台。第二级公司，负责十几款诈骗软件的运营。第三级是大大小小的诈骗团伙。三个层级互相配合，共同实施诈骗。

这个诈骗集团是如何实施诈骗的呢?

首先，购买目标客户信息，并通过电话、短信、微信、QQ、互联网广告等宣传途径将客户拉入指定的微信群或 QQ 群。

国内很多金融服务机构单位里，某些掌握客户信息的员工唯利是图，向一些营销机构与诈骗集团出售客户信息，导致用户信息泄漏，不断被骚扰。

通过微信群或 QQ 群里的管理员、“老师”与托儿配合，发布股票涨跌预测，骗取用户信任。在群里，大量的托儿一起互动迷惑投资者，骗取信任。

接着，在骗得投资者信任后，将投资者引入“上证指数”“期货原油交易”等由诈骗团伙自行开发的虚假交易或对赌平台。

在虚假交易平台上，不断鼓励投资者“试水”、增加投资额度以获得更好收益，并且诱导客户频繁交易，以收取 10% 的高额手续费。假如客户投入 100 万元，倒手十余次后便所剩无几。在对赌平台上，人为控制数据走向，既当运动员也当裁判员，在这样的对赌中还想赚钱? 简直异想天开!

这是非常严重的诈骗行为，它的目的是要骗取投资人的所有投入资金。更多的个人与小组织团队，是很难投入如此重金开发与运营虚假平台的，而是会像上面案例中讲到的直接通过微信群、QQ 群骗取“收益”与信息服务费等。

2018 年 8 月初，重庆破获特大“荐股”诈骗案，抓获犯罪嫌疑人 384 名，冻结涉案资金 3000 多万元。这些犯罪团伙以“荐股”的名义实施诈骗，竟然有多达 20 多个省份的两万多人受骗。

在电子邮件与短信荐股盛行的年代，曾惊现过这样的荐股诈骗套路：

首先，骗子机构团队中确实有对股票交易比较在行的资深玩家，他们在追逐热点、抓短期 K 线走势上有一定的经验与判断力，由他们提供多组股票，分发给拉客户或做推广的业务人员。

接着，业务人员手里都掌握着大量的从证券公司等渠道弄过来的客户名单，假若每人手上有 100 名客户名单（实际上经常远远不止），将推荐的 2 只股票分别每只推荐给 50 人（邮件或短信），假若涨跌概率各一半的话，会有 50 人收到的股票出现上涨。

第二天，业务人员再继续把收到上涨股票的 50 名客户分 2 组推荐下一只股票，同样 2 只股票分头推荐，每只股票推荐给 25 人，假若涨跌概率各一半的话，会有 25 人收到的股票出现上涨。而这 25 人是连续收到 2 只股票出现上涨了，如果连续接收查看了邮件或短信的客户留意了这些推荐股票，一般都会对下一只股票特别期待。

这时候，业务人员分别给连续收到 2 只上涨股票的客户打电话，咨询持仓情况，然后推荐下一只股票，并同时告诉客户，他们的荐股能力是一流的，保证每天都能收到牛股，前提是购买他们的股票分析专家服务。如果有一家机构，连续 3~5 天给你推荐的股票都是上涨的，而且，如果这 5 只股票的涨幅都不错的话，那么，你信不信他们的选股操作能力?

通过 3 天左右的荐股后，骗子们每天的工作不再是推荐股票了，而是不断用各种方式邀请你成为他们的付费会员。在成为会员之后，还能不能每天都收到他们“神预测”的股票，那就要看你的造化了。

这些诈骗机构手上的股民信息往往数以百万计，这个套路下来，总有一部分股民会成为他们的付费用户。假如一家荐股机构一年发展 1 万名收费客户，每个客户收取 1 万元的年服务费，其收入将超过 1 亿元，甚是可观。

而今，随着移动互联网的发展和在线支付的成熟，基于有偿阅读（如微博文章打赏方可阅读或订阅、微信公众号打赏等）、知识付费习惯慢慢养成，一些机构转而走向平台化，依附于第三方在线教育平台开设股票分析付费课或者索性自己开发 APP，开设专门的荐股互动区域，实行单场、包月、包年等服务费收取模式。

在上面的案例中，不排除有人在使用这样的套路撒网筛选客户。

有一些“坐庄”的牛散，凭借自己手上管理的多批股票交易账户资金来暴力操纵中小市值股票。在低位吸收某股票的大量筹码后，他们在短时间内在收盘前通过 QQ 群、微信群、股吧、贴吧等渠道广泛散布该股票即将拉升的信息，并在第二天开盘趁大家观望之际用少量资金迅速抬拉股票，制造出非常漂亮的上涨趋势线甚至将股票直接拉至接近涨停位置。由于前一天大量信息发布引起大量散户关注，在他们跟进买入的时候，牛散会趁高位将股票全部抛给这些散户，因为抛的量过大常常引起股票断崖式下跌，从而深度套牢追高的散户。

我本人曾经持有某只股票，某天在股吧也发现类似的主题帖。第二天开盘该股迅速被拉至涨停，但不到一分钟又立即被打开涨停，随即短时间内下跌超过 8 个点。当天最终收盘股价仅上涨 1 个多点，接下来的第二天则直接低开 2 个点。两天时间股价跌幅接近 10 个点，这些被暴力抬拉的股票在接下来的两个月时间都没再站上被暴力拉涨之前的价位。

近几年，管理机构开始重视这种现象，并出台相关管理制度，对这种坐庄行为进行监控与打压，慢慢地这种操作已经很少看到了。

有些荐股骗子的操作手法是不断地推荐，但只提涨的股票。如果有人问他们推荐过的跌的股票，他们就说那个是低仓位，要持股待涨。等到该股票开始上涨的时候他们就会跳出来宣传：大家看，咱们的预测非常正确，只是买入太早了点，有点遗憾。

这种说法不是非常“套路”吗？除了被勒令退市的股票，哪有只跌不涨的股票呢？

还有一种“高级股托儿”（他们在财经领域或证券交易市场有一定的影响力，有执业资格“黄袍加身”，经常在媒体上摇唇鼓舌，隐蔽在“股评家”队伍里，欺骗性很强），在参与“庄家”的哄抬股价行为中，坐收渔利。通常，“庄家”在股价的低位吸够了筹码，股价上了一个台阶后，“股托儿”会通知收费较高的“高级会员”买入股票。这时候，只要前期介入的“庄家”捂住股票不放，该股股价势必会又上一个台阶。然后“股托儿”又把信息传给收费较低的“普通会员”，此时股价自然水涨船高。最后，“高级股托儿”开始大肆在股吧、社交平台、自媒体等场合宣扬该股票所属公司与行业的“美好前景”，向广大的中、小投资者抛出把目标企业描述得“前景灿烂”的分析文章，并煞有介事地指出目标股票还有不小的涨幅。“庄家”配合奋力拉抬股价，缺乏分辨能力的中、小投资者追涨，前期早已介入的“庄家”和“会员”则大肆卖出手中浮赢的股票，那些追涨吃套的中、小投资者不幸成为“韭菜”。

〖套路破解〗⊘

有一种非常可笑的荐股诈骗套路：推荐一只股票，不准不要钱！

也会有骗子对你承诺：你挣到钱再分给我！

这种骗术看上去诚意满满，所以经常会有股民尤其是新股民上当。

来看一个相似套路的例子：某个老中医说自己有祖传良方，号称包治百病，三副见效，售价5000元，治愈再收钱，不好不要钱。结果，没治好的因没付钱，不再找他，治好的则高高兴兴送钱去……常年下来，老中医名声越来越大，挣了不少钱财，还挣了一屋子锦旗。

所以，这种“不准不要钱”的荐股套路，当个笑话看看就好！

一只股票的基本面、技术面、政策面、消息面、资金面及股民情绪面等都存在极大的变数，短时间抓牛股并不是一件容易的事，所以大家才推崇价值投资、中长线持有某只看好的股票，这也是股神巴菲特所推崇的：如果你不愿意持有一只股票10年，那么你连10分钟都不要持有。

历史给人们留下的唯一教训就是：人们从未在历史中吸取过任何教训。

在2000年的一个早上，亚马逊创始人杰夫•贝索斯给巴菲特打电话，问巴菲特：“你的投资体系这么简单，为什么你是全世界第二富有的人，为什么别人不和你做一样的事情？”

巴菲特回答说：“因为没人愿意慢慢地变富。”

很可惜，一些朋友真的是劝都劝不住（这种事情也不好劝啊，如果错过某一只牛股，人家还会骂你断他的财路），一而再再而三地急切寻找所谓的财富暴增捷径，早就忘了一句古训：财不入急门。

去银行储蓄理财，往往只能收获很低的年化利息，通常赶不上CPI（居民消费价格指数）的增长速度。即便是阿里余额宝、腾讯零钱通这样备受欢迎的网络理财工具，年化收益最高的时候也仅在

3% 左右徘徊。虽然股票、外币、期货等理财项目看上去利润诱人，但是那也需要长时间投入。凭什么专注于这些理财的大多数人收益并不十分理想、年收益十多个点算不错了，而你一来就要短时间获得百分之几十甚至翻好几倍的收益?

很多从业多年的高级基金经理都不能保证一定盈利，你靠着几个电话里来路不明的“内部消息”与“股票分析大牛”推荐就能保证盈利? 这显然是不可能的事。

千万不要想着通过一些小道消息就能稳稳地赚到钱，如果真能像著名的私募经理“宁波涨停板敢死队”总舵主徐翔那样靠内部消息赚到钱，结局可能只有一个：赔了夫人又折兵。最后不仅被罚没所有收益，还被送审关押。

所以，想不被套路折腾，就得改变自己的投资理念，不能因为股票每天都在上下浮动就希望自己的股票天天都是上涨的那一个。通常，一个人持有股票的仓位多少决定了他对该股票的心态，在自己能承受的范围内，去不断调整自己的状态，才是正确的。

如果将买一只股票当作是买了一棵看好的树苗，你会每天折腾给小树苗挪窝吗? 肯定不会。所以在自己认为合理的较低价位买入，随后在接下来的时间里多关注企业基本面变化与财务报表、行业及国家政策与国际环境变化、技术 K 线趋势（不与趋势为敌）等多方面的情况，适当增减仓位（修剪枝叶或施肥），并尽可能多地随时关注市场动态，在获得不错的收益时见好就收，盈利的可能性还会大些。

另外，各个网络平台上的“股托儿”其实非常容易分辨。和淘宝刷好评的托儿一样，“股托儿”词穷，几乎千篇一律都是各种赞美，各种感谢，各种获利。

基于二级市场上的股票只能买多，即上涨才能获利，所以各种技术分析公司预测都是某只股票会涨。如果蒙对了，就由“股托儿”各种吹嘘老师技术多牛，如果没蒙对，必定是因为回踩、筑底、打压、庄家要收“带血的筹码”（指超跌后散户恐慌继续下跌而亏本卖出的股票）、为反弹蓄势等各种理由。

试想一下，他们工作时间打电话、免费拉你进群，然后免费教你股票交易技术、免费给你推荐股票……简直恨不得一天到晚都能为你提供各种免费咨询服务，他们是活雷锋吗?

《证券法》第七十六条规定：证券交易内幕信息的知情人和非法获取内幕信息的人，在内幕信息公开前，不得买卖该公司的证券，或者泄露该信息，或者建议他人买卖该证券。

第七十七条规定：禁止任何人单独或者通过合谋，集中资金优势、持股优势或者利用信息优势联合或者连续买卖，操纵证券交易价格或者证券交易量。

2017年12月18日晚间，微信安全中心微信团队发表公告称将打击用户通过推荐股票等实施诈骗的行为。2018年1月5日，微信公众平台发布公告称，微信公众平台将配合微信安全中心，针对通过推荐股票、期货等“非固定收益类投资产品”，实施诈骗、骚扰行为的信息和公众号进行处理。该公告称，“非固定收益类投资产品”指包括但不限于股票、期权、期货、外汇、大宗商品、电子货币等本金或收益存在不确定性的投资产品。

2018年6月，淘宝已全面禁止荐股相关的商品或服务软件在该平台上进行销售。

人与人的交往是一门永远都值得研究的学问，它能帮助我们梳理与人相处之道，以便更好地融入社群，收获成长。

那如何发现身边的人在对自己使用套路呢？我们可以重点注意以下几个状态。

其一，个人情绪被调动。

如果一个人的情绪突然被某个人的言辞或行为调动起来，就会进入一种莫名的情绪兴奋状态，从而导致思维跟随对方变化，并在一定程度上失去理智。任何套路想要达到目标都会第一时间让被套者在情绪上进入施套者的控制范围。例如，前文提及的电信诈骗案例中，利用“隐私泄漏”“涉嫌犯罪”就立即调动了受害人的情绪，把受害人吓得失去判断能力，然后诈骗者利用所谓的公检法身份“安抚”并“引导”受害人进入圈套。

街头的职业乞丐用“职业装”及工具将自己打扮得看上去就是一个可怜人，从而激起人们的同情心。哪怕有些人明明猜到可能就是“职业乞丐”，仍然挡不住心里的善良“宁愿相信是真的”。

其二，公众情绪被调动。

很多人施展套路的时候，不仅需要调动个人情绪，还需要调动公众的情绪。人类是群居物种，很多时候，个人会从众，不假思索跟随他人的行为做出相同的决策。例如，路边的“猜瓜子”游戏、象棋残局游戏等，一部分人在其中当托儿，负责吸引路人关注并调动情绪，从而使路人落入他们精心布局的圈套之中。

2018 年的疫苗事件爆发后，张凯律师发布的《我们同在一条船上》文章也是借热点利用人们同情弱者（儿童）的心理鼓励大家对自媒体人的辛苦写作进行打赏。文章激发了人们的热烈讨论与传播，从 2018 年 7 月 23 日晚上到 7 月 24 日中午，该文章被点击阅读超过千万次，获得打赏约 140 万元，超乎人们的想象，创造了微信公众号自媒体单篇文章打赏的新纪录。据我所知，很多人是在朋友圈或微信群中看到其他朋友明确公开告知说自己对该文进行了打赏后，将自己的第一次微信打赏贡献给了该文。

通过前面那些套路案例，我们不难发现，调动人的情绪是套路得以有效进行的首要条件，一旦发现自己或身边人的情绪被调动起来了，就需要冷静思考接下来是否会跟着对方的思路被牵着鼻子走。“爱屋及乌”是人们比较容易犯的一种毛病。一旦自己情绪被控，对方所提出的诉求经常也就会变得理所应当，从而会无条件去配合。这个现象在演讲、明星活动等场合经常可以看到，并且非常明显。一些粉丝见到明星或名人会异常兴奋，情绪易失控，相应的任何套路都可能轻松畅行。

害人之心不可有，防人之心不可无。我们无法拒绝套路，那就直面套路。为了更好地与套路相处，我们不妨从下面几点着手，让套路袒露于真诚相待之中。

第一，不受不白之恩惠。

中国向来是人情社会，亲情、友情、爱情、乡情、同学情、战友情……我们从小就被教育要懂得礼尚往来，要懂得知恩图报，而现代人则更为直接，“无事不登三宝殿”。

当另一方的关怀或“礼”来得更重、更密集时，套路上演几乎成为必然。

商场中，免费试用、免费试吃等销售套路就是充分利用了人们心中的亏欠感，施加甚至强加给准消费者一些恩惠。即使这些恩惠让人生厌，也会触碰他的亏欠感，让他更容易接受你，难以拒绝你。

在前文关于老年人买保健品的案例中，几乎就是清一色的以免费开路。

多年前曾风行全国的假“和尚”“尼姑”免费给路人送观音护身符（或佛珠）的套路屡试不爽，让很多人为此额外付出不少“善款”。假“和尚”“尼姑”拿着从小商品市场批发来的观音像牌子，见到人就上前“免费”送出观音护身符。一旦“施主”接受了其赠送的物品，他们会立刻拿出写满了人名与相应捐款的本子，请求“施主”捐赠善款用于修缮寺院，并说要记录其功德。

这样的捐赠本上，有一批预先填写好的姓名与捐赠款数字，如果有人捐得太少了，假“和尚”“尼姑”会在捐赠的真实数字后面加一两个“0”。下一位捐赠者看到前面的人如此慷慨，自己捐太少会觉得不好意思，不得不咬牙捐赠上百元甚至上千元。而如果“施主”拒绝捐赠，他们会一路尾随，说辞一套一套的；如果路人要退还其观音护身符，他们又会有其他的说辞，逼迫“施主”捐出一些善款。

一旦我们确定最初的恩惠并非出于善意，就要狠下心，不要受亏欠感影响，不把它们错看成恩惠。善意自然应当以善意回报。商业场合我们可以对对方的善意质疑揣测，同样，对其他突然到来的善意，我们也应该首先提出质疑，不应被对方左右，要坚持自己的判断，付诸自己认为合理的行为。

第二，慎防信口开河的承诺。

承诺常常意味着言行一致，表里如一，代表着值得信任，是一个人具有优秀品质的表现。不过，我们常常被他人信口开河的假承诺所套路，最终却得不到承诺的兑现。

我们也经常会因为不经意的一个承诺，把自己置于承诺的套路中，步步陷入被动。

如果不喜欢对方，就不要给对方靠近你的机会。

所以，在接受一些细小请求的时候要小心，一旦同意，可能就会开始影响你的自我认知。

这些套路其实都很简单，看上去并不刻意，却往往能左右人们的选择。只要让人们做出承诺、选择立场或公开表明观点，他们就会自觉地按照这个立场去做，而且认为这是自己选择的。

第三，过了这个村还有更多店。

江南皮革厂倒闭的 Rap 声音依然萦绕在耳边，更多老板带着小姨子跑路的挥泪甩卖广告出现在街角。充斥朋友圈的各种小广告依然在重复这些宣传套路：最后三天、仅限 ×× 个名额、独家推出……恨不得让每个见到这些宣传的人都满载而归。

前文中讲到稀缺原理，指只要将稀缺信息的“炸弹”扔到人群里，总会有人相信，并赶紧下手，生怕错失好机会。

日本近几年流行的“极简主义生活”，实际上就是对这个物质过于丰盛的年代人们私心过重、占有欲过强，导致人们拥有越多反而越迷茫的生活状态的宣战。对商品稀缺的认可，很大程度上就是因为人们的占有心太重。

稀缺的东西并没有因为难以抢到手就变得更好吃、更好看、更好用，所以在决策时问问自己到底为什么想要，一旦感到自己情绪高涨，就要提醒自己谨慎、冷静、确定需求，然后做出决策。

第四，快速让步无路可退。

知乎上有一个热帖，网友在其中讨论遭遇套路的体验。其中有一个网友的回复内容获得了28000多个赞与2055条评论。其内容是介绍发生在旅游中的一个小商贩的销售套路：

大学毕业去青海旅游，包车去青海湖的路上有一个叫日月山的景点，我们也就顺道上去看看，在山顶刚停好车便有几个卖那种藏式披肩的商人围了上来。于是我和一位卖披肩的商人发生了以下让我一生难忘的对话：

“小伙子，要不要披肩啊！”

“多少钱啊，大叔？”

“300元一条。”

“好贵啊！”

“哎呀，小伙子你不会砍价吗？你问问我30元一条卖不卖。”

“那……30元卖不？”

“卖，卖，卖！小伙子你们要几条？”

最后同行的人每人买了一条围巾。

在商业交易中，如果有人对我们做出了让步，我们下意识地会觉得自己也有义务做出让步，对方的要求由大变小的时候，我们的态度很微妙地从拒绝变成了顺从，即便可能对他的产品并没有特别大的兴趣。

所以，如果有人给你提了一个很过分的要求，但很快又自己大幅退后一步，那么就要当心了，这是很管用的套路，或许你在销售中也经常遇到。

第五，套近乎就是个套儿。

在商业交易的前期，套近乎基本是人人都乐意去用的。无论从地域、职业、兴趣爱好、家庭、价值观等哪些方面着手，对对方的观点全面认可，并赞赏对方。这种套近乎就像糖衣炮弹，在潜意识里让他人心甘情愿为你的诉求买单：我认可你那么多，你不用行动认可我一点儿吗?

以色列著名作家尤瓦尔•赫拉利的畅销书《人类简史》指出：会讲虚构的故事，这是人区别于动物的关键所在。

在演讲中，演讲者为了打动听众，演讲内容中不仅会有大量生动的故事，还需要将自己的诉求紧密地结合到听众的生活场景中，与听众套近乎以便产生共鸣共振。只有与听众发生关系，这样才能更深刻地打动听众，并获得听众的认可（社会认同）与赞赏。

套近乎能够瞬间拉近人与人之间的心理距离，找到共同的归属感或价值观。用好它，就能在相对陌生的环境中快速找到有共鸣语言的对象。

第六，权威与制服施压。

权威与制服，这里说的是那些具有某些头衔的公众人物与穿着打扮非常正式的人，这些人常常会给人们塑造一种“权威”的形象，让普通大众心生敬畏。而实际生活与工作中，在权威的命令下，人们几乎愿意干任何事情。

像前文提及的冒充各种专家与公检法工作人员就是非常典型的权威与制服施压。

有一个让所有人都觉得非常离谱的典故“指鹿为马”：相传秦二世的时候，赵高驾着一头鹿随从二世出行，二世问他：“丞相为什么驾着一头鹿呢？”赵高说：“这是一匹马啊！”二世说：“丞相错了，把鹿当作马了。”赵高说：“这确实是一匹马啊！如果陛下认为我的话不对，希望陛下允许我问一问群臣。”群臣之中有一半畏惧赵高权势的人就说这是马。

赵高知道这不是马，群臣也知道这不是马，赵高知道群臣知道这不是马，群臣也知道赵高知道自己知道这不是马，但是赵高说这是马，群臣也得说这是马。

这就是利用权威迫使他人按自己的套路去做，足可见是权威的力量让这些人的套路得以横行，这种权威不断被一些不法分子充分利用。

以上六点建议不能囊括所有的套路心理，但都是我们生活与工作中较为常见的套路博弈心理。套路的可怕之处在于它们在被应用的时候往往不止一种，当各种各样的手段结合起来，往往让人们防不胜防。

围棋中有一着，叫作骗着。这种套路环环相扣，表面上是正常的走法，实际上是留有后手的八卦阵，你如果顺着对手的思路走，会发现对手能轻车熟路地把你的局势引到亏损的那一边。有如荆轲刺秦，图穷而匕现。这种时候，如果实施骗着的一方是高手，你基本上是输定了。为了避免这样的情况，所有的围棋高手都会研究骗着。

套路是一把双刃剑，善用套路的人，经过长期的社会实践，会发现通过套路能最有效率达成自己的目标。我们都在不断地经历各种套路，从套路中找到自己的方法论，即使发现双方同时使用套路，也能够彼此心知肚明。套路用得好，办起事来既不太难看，又方便快捷。

有一个槟榔广告很生动：诱惑，冲动挡不住。虽然画面比较暧昧，但却真实地直击人性：只要有诱惑在，总会有人失去理智冲动行事从而陷入其套路中。

《道德经》有云：知其白，守其黑，为天下式。一些人在学习套路之初无非是为了防止被套路导致自己利益受损。套路无处不在，也不是所有的套路都是不好的。

世间本无套路，用的人多了，也就成了套路。

任何时候都请记住：不作恶，给世人多一些真诚！